『常陸国風土記』の世界

古代史を読み解く一〇一話

井上辰雄 著

雄山閣

はじめに

常陸の国は、常世《とこよ》の国である。

『風土記』の筆者は、その願望にもとずいてこの書を著した。なぜならば、常陸の国は、『風土記』の記述者にとって、祖先発祥地と信じられて来たからである。

『風土記』の進撰を全国に命じた、藤原不比等《ふじわらのふひと》や、『常陸国風土記』の執筆者に擬せられる藤原宇合《うまかい》にとっては、一族の栄華のルーツが、常陸の国にあると考えられていたのである。

いうまでもなく藤原氏が奉祭する最高の神、鹿島の建御雷命《たけみかづちみこと》も、常陸の国に鎮座し、守護していた。その常陸の国になみなみならぬ関心を抱いて赴任した新進気鋭の藤原宇合《うまかい》は、この国の物語を、心をこめて華麗な文体で飾ったのは、常陸の国を、理想の世界として描きたかったからである。

わたくしたちが今、この『常陸国風土記』のページをめくるならば、そこには東国を彷徨された倭武《やまとたける》の天皇《すめらみこと》のロマンがあり、古老の語る怪奇に満ちた物語が展開しているのを、発見されるだろう。

だが、それらの底流には必ず、常世の思想が存在し、それを謳歌する精神でつらぬかれていたことに、注意して、いただきたいのである。

このようなロマンに満ちた書を前にして、わたくしたちは、一体何を感ずるのだろうか。それこそ、ひとりひとりのお答えは、千差万別であろうが、現在、稀有となった失われた魅力の発見という点では、一致するのではないだろうか。

わたくしは物語のストーリーは勿論だが、『風土記』の言葉に秘められた感性に、『風土記』の秘密を解く鍵が秘められていると、考えている。また、『風土記』は、『古事記』や『日本書紀』と異り、地方の伝承や物語が中心をなしており、それだけに、古代の世界を一層豊かに彩る結果をなしている。

だが、貴重な文化財の一つである『風土記』は、遺憾ながら、現在ではわずかに五つの風土記しか残されていない。この『常陸国風土記』も、いわゆる完本ではなく、省略されたり欠落した箇所も少くないが、それでも、わたくしたちを、古代のロマンの世界に誘うのに充分な内容を含んでいる。

わたくしは、みなさまと御一緒に、倭武《やまとたける》の天皇《すめらみこと》に従って、東国の遊歴のロマンの旅に出掛けたいと思っている。

倭武の天皇は、倭建命《やまとたけるのみこと》と考えるべきであろうが、ヤマトの最も優れた武勇者の呼び名とも解されるから、このロマンの探検に欠かせぬ先導者となってくれるとわたくしは考えている。もし皆さんと御一緒にそのすばらしい世界を味うことが出来るのは、わたくしの望外の嬉びなのである。

目次

第一話　風土記の特徴

『常陸国風土記』のはじまりは、

「常陸国《ひたちくに》の司《つかさ》、解《げ》す。古老《ころう》の相《あ》い伝《つた》ふる旧聞《きゅうもん》の事《こと》」

と記るされている。

これは、「風土記」は、わたくしたちが考えているような本ではなく、地方の国から中央政府に呈出された文書であることを示している。

「常陸《ひたち》の国《くに》の司《つかさ》、解《げ》す。」という書き出しは、いわゆる、解文《げぶみ》のはじめに当たる文句である。

「解文《げぶみ》」は、古代の官庁の文書《もんじょ》の一種で、下級の役所から、上級の官庁に差出す公《おおやけ》の文書をいう。

それに対し、最高の中央官庁である太政官から、下級の役所に出す命令の文書を、太政官符《だじょうかんふ》、つまり「符《ふ》」という。

因みに、同列の官庁に出される文書は「移文《いぶみ》」と呼ばれていた。もうお判りと思うが、『常陸国風土記』は、常陸国から太政官の命令をうけて差出された文書の一種なのである。

この太政官の「符」は、和銅《わどう》六年（七一三）五月の甲子《かっし》（二日）に出されたものである。

「畿内《きだい》、七道《しちどう》の諸国《もろもろくに》《こく》、郡《こほり》《ぐん》、郷《さと》《ごう》の名《な》は好《よ》き字《じ》を著《つ》けよ。

其《そ》の郡《こほり》の内《うち》に生《しょう》ずる所《ところ》の、銀《しろがね》、銅《あかがね》、彩色《さいしき》、草木《そうもく》、禽獣《きんじゅう》、魚《うお》や虫《むし》などの物《もの》、具《つぶさ》に色目《しきもく》を録《ろく》せ。

及《およ》び土地《とち》の沃塉《よくせき》、山川原野《さんせんげんや》の名号《めいごう》の所由《じょゆう》、又《また》、古老《ころう》の相伝《そうでん》の旧聞異事《きゅうもんいじ》は史籍《しせき》に載《の》せて、言上《ごんじょう》せよ」（『続日本紀』

和銅六年五月甲子条）

因みに畿内《きだい》は、都周辺の特別区域で、大和《やまと》の国《くに》、山背《やましろ》の国《くに》（後の山城国）、摂津《せっつ》の国《くに》、河内《かわち》の国をいう。河内の国から、和泉《いづみ》の国が別れると、これを五畿《ごき》と称した。

七道は、畿内から東に向かう東海道《とうかいどう》、東山道《とうざんどう》、北陸道《ほくりくどう》と、西に向う山陽道《さんようどう》、山陰道《さんいんどう》、南海道《なんかいどう》、西海道《さいかいどう》を指す。

つまり畿内、七道の諸国とは、全国の国々を含んでいる。風土記進撰のその第一項目には、国、郡、郷の地名を好き字に改めよと命令が出されたのである。

たとえば、「木《き》」の国のような一字の国は、「紀伊《きい》」の国《くに》、と改められた。毛野《けぬ》の国が、二国に分れ、「上毛野《かみつけぬ》」の国と「下毛野《しもつけの》」の国となるが、この三字の国名は、「上野《こうづけ》」、「下野《しもつけ》」の国と、称したのである。このように地名はすべて二字に統一されている。

また、「三野《みの》」の国《くに》は、好き字の「美濃《みの》」の国《くに》と改められている。

これは、国名だけに限らず、郡や郷も同じである。例えば、常陸国の「新治」郡は、「新墾《にいばり》」を改めた郡名と見てよい。

「其《そ》れ郡内《ぐんない》の生《しょ》ずる所《ところ》」とは、郡内の色々な産物を書き出させたものだが、現存残る『常陸国風土記』では、ほとんど省略されしまったようである。

ただ「古老《ころう》の相聞《そうもん》の旧事《くじ》」については『常陸国風土記』は、他の『風土記』に較べて遜色が無いほど面白味があるといってよい。それはそのほとんどが倭武《やまとたける》の天皇《すめらみこと》を主人公にして、古《いにしへ》の伝承を展開していく形体をなしている。

そこに『常陸国風土記』の一つの特徴が見出せるのである。

第二話　東《あづま》の国々《くにぐに》

常陸の国が成立する以前は、新治《にいばり》、筑波《つくば》、茨城《うばらぎ》、那賀《なか》、久慈《くじ》、多珂《たか》の国と称しており、それらの国《くに》には、地方の豪族を、それぞれの国造《くにのみやつこ》や別《わけ》という役に任じて治めていたという。

ところが、孝徳天皇《こうとくてんのう》の大化改新を契機に、中央から、高向臣《たかむこのおみ》、中臣幡織田連《なかとみはとりだむらじ》らを坂東《ばんどう》の国に派遣し、我姫《あづま》の道《みち》を八つの国、すなわち相模《さがみ》の国、武蔵《むさし》の国《くに》、安房《あわ》の国《くに》、上総《かずさ》の国、下総《しもふさ》の国、上野《こうずけ》の国、下野《しもずけ》の国、及び常陸国《ひたちのくに》に分けたのである。

ここで少しく御注意していただきたい点は、大化改新以後、郡《ぐん》と呼ばれるようになった行政区画は、始めは「クニ」（国《くに》）と称していたことである。

ここでいうクニ（国）は、もともと地方豪族が統治していた領域を指す。が、大和朝廷の全国統一する過程で、地方豪族が服属していくが、多くの場合そのまま、郡となりその地域を治める役人に組み込まれていった。

これが国造《くにのみやつこ》である。

この国造に対して「別《わけ》」は必ずしも、明らかではないが、一般には、天皇家の血筋を引かれる人物や、地方大豪族の分流が、地方の統治に当った者と考えられている。つまり「別《わけ》」の原義は、皇統や大豪族の「別れ《わか》」である。

『景行紀』に、景行天皇の御代、日本武尊《やまとたけるのみこと》や、後に、成務《せいむ》天皇として即位される稚足彦《わかたりひこ》の皇子《みこ》と、五百城入彦皇子《いおきいりひこのみこ》の御三方を除いた七十余人の皇子《みこ》は、諸国の「別《わけ》」に任ぜられ地方の統治に当ったとされているのである。『書紀』は「別」は「別王《わけのみこ》の苗裔《みあなすへ》」と註している。「ミアナスヱ」は、御足末《みあなすゑ》の意で、子孫のことである。

ところで『風土記』には孝徳天皇を、「難波《なにわ》の長柄《なから》の豊前《とよさき》の大宮《おほみや》に臨軒《あめのした》しろしし天皇《すめらみこと》」と重々して書れているが、『孝徳紀』に、大化元年（六四五）十二月九日条に、「天皇《すめらみこと》、都《みやこ》を難波長柄豊碕《なにわのながらとよさき》に遷《うつ》さる」とあるように、現在の大阪城の南側の大阪市東区法円坂《ほうえんざか》町に都を定められた宮廷である。

長柄豊碕《なからとよさき》と呼ばれるのは、昔の大阪湾の入口を遮るように長く柄のようにのびた崎《みさき》の上に、都が存在していたからである。

この周辺には、かって第十六代の仁徳天皇の難波《なにわ》の高津《たかつ》の宮《みや》が置かれていたといわれるが、孝徳天皇が飛鳥の古京より、難波に都を営まれたのは、恐らく、次のような事情が考えられていたのだろう。つまり、大化の改新を契機に、律令制的な統一国家をつくり上げるため、その模範となる唐の文化を積極的に摂取することを願われ、その門戸に当るの地に都を移された。

孝徳天皇が、大化改新に際して統一国家実現のために特に懸念されたのは、東国の統治であった。東国は蝦夷に対する最前線を構成する諸国であったから、古くから強大な軍力を携していた。

これらの豪族を完全におさえるために、特別に、中央から、高向臣などの中央官人が派遣され、行政視察に当ったのである。

天皇は、また大化二年（六四六）三月には、ことさらに東国の国司らに詔《みことのり》され、東国の統治の心得を諭されている。その上、東国の国司の行政の成果を、一つ一つ厳重に審査されてたのである。とりわけ、その際、郡司らに対する国司の態度が重大の問題として取り上げられていたことは注目されてよい。

これらのことから、東国の郡司の掌握に、如何に中央政府が腐心していたかが、お判りになるだろう。

第三話　総領《そうりょう》

孝徳天皇の時、高向臣《たかむこのおみ》と中臣幡織田連《なかとみのはたおりだむらじ》らが、坂東《ばんどう》諸国の総領《そうりょう》に任ぜられたと記るされている。

この「総領」は、大化の改新から、『養老律令《ようろうりつりょう》』の施行される以前に置かれた官である。この「総領」に類するものに「大宰」がある。

大宰は「筑紫《つくし》の大宰《たいさい》」（『推古紀』十七年四月条）と見えるのが初見である。筑紫の大宰から、百済への使いの事や九州の諸国のことなどを中央に報告しているから、後の大宰府《だざいふ》の職掌に類似し、対外交渉と、九州諸国の管轄に当っていたのであろう。

天武天皇八年（六七九）には、『吉備大宰石川王《きびのたいさいいしかわおう》』（『天武紀』八年三月条）が登場するが、恐らく、吉備国が四つの国に分割された備前《びぜん》、備中《びっちゅう》、備後《びんご》及び美作《みまさか》などの四ヶ国や、播磨国などを統轄していたようである。

ついで天武十四年（六八六）には、「筑紫の大宰」と「周防《すおう》の総令《そうりょう》」に軍備用品を送っている記事が見える（『天武紀』十四年十一月条）。

更には持統三年（六八九）八月には「伊予総領田中朝臣法麻呂《いよそうりょうたなかのあそみのりまろ》」（『持統紀』三年八月条）とある。

周防の総領は、周防《すおう》、長門《ながと》を管轄し、伊予《いよ》の総領は、阿波《あわ》、讃岐《さぬき》、土佐《とさ》、伊予《いよ》の四国をまとめる役であろう。

ところで「大宰」と「総領」との区別であるが、どちらかといえば「大宰」の方がより上級の宮に位置づけられていたようであるが、『文武紀』にはすでに「筑紫惣領」「周防惣領」及び「吉備惣領」と、すべて「惣領」に統一されている（『続日本紀』文武四年十月条）。

といっても筑紫の総領は別格で、直大壱《じきだいいち》の石上麻臣《いそのかみあそみ》が総領で、その下に直広参《じきこうさん》の小野朝臣毛野《おののあそもけぬ》が大弐《だいに》としておかれていた。直大壱は、後の正四位上の相当で、石上朝臣は当時、中納言という高官であった。

律令制の大宰府は、帥《そつ》—大弐《だいに》—少弐《しょうに》—大監《だいげん》—少監《しょうげん》—大典《だいてん》—少典《しょうてん》などと多くの官人が配されていたが、文武朝には、その萌芽が見られるのである。

これら筑紫の大宰や吉備大宰、周防の総領、伊予の総領が置されたのは、恐らく対外防衛が意識されていたのであろう。

現在の九州全域と瀬戸内に面した国々がこれらの大宰や総領に統轄され、特に新羅の万一の進攻に備えとしていたのである。

ところで、坂東の総領であるが、相模国《さがみのくに》、武蔵国《むさしのくに》、安房国《あわのくに》、上総国《かずさのくに》、下総国《しもおさのくに》、常陸国《ひたちのくに》及び上野国《こうずけのくに》、下野国《しもづけのくに》の八ヶ国の分割が主なる任務であったことは、『風土記』からも窺うことが出来る。

わたくしは、それに加えて東夷への防備整備があったものと推定している。なぜなら『常陸国風土記』の物語の多くは、まつわぬ佐伯《さえき》の討伐の話であることは、そのことを示唆していると考えているからである。

このように、関東の国々の国司には、大化の改新時から、中央政府は、異常な関心を示していたのである。（『孝徳紀』二年三月条）

第四話　中臣幡織田《なかとみのはたおりだ》

総領の高向臣《たかむこのおみ》と中臣幡織田連《なかとみはたおりだのむらじ》は中央から派遣された官人である。

高向臣は『新撰姓氏録《しんせんしょうじろく》』に（右京皇別下）に、石川朝臣《いしかわのあそみ》と同祖と記るされ、蘇我《そが》氏や平群《へぐり》氏など一族とされている。

この高向は、河内国錦部郡百済郷《かわちのくににしごりぐんくだらごう》の高向《たかむこ》を本拠とする豪族であろう。現在の大阪府河内長野市の高向である。

『舒明即位前紀』に、高向臣宇摩《うま》の名が見え、『皇極紀』四年六月条は、高向臣国押《くにおし》は、はじめ同族の蘇我氏側についていたが、時に利あらずとして蘇我蝦夷《えみし》の許から離れたと伝えられている。恐らく中大兄皇子《なかのおおえのおおじ》（後の天智天皇）側についたのであろう。

また『天武紀』十年十二月条には、高向臣朝麻呂《たかむこおみあさまろ》が小綿下《せうきんげ》の位を授けられたとあるから、蘇我氏滅亡後、高向臣一族は、天皇家に帰順し忠節を尽したようである。『常陸国風土記』に登場する高向臣は誰れであるか、その名は確定出来ないが、国押ないしは、麻呂か、或はその近親者ではないかと考えられる。

次に中臣幡織田連《なかとみのはたおりだむらじ》だが、中臣氏の分族であるが、その実体は必ずしも詳らかではない。

或は常陸国那賀郡に幡田郷《はただごう》が見えるが、これと何らかの関係のあった中臣の一族であったとも、考えられるのである。

那賀郡の幡田郷は現在の茨城県ひたちなか市の一部に比定されている。

勿論、中臣幡織田連は中央から派遣された官人であるから、中央官人のひとりであったようである。

だが、中臣幡織田連が総領高向臣に副えられて、わざわざ常陸国まで下向するのは、常陸国ともともと縁りの深い一族であったからではないだろうか。

『常陸国風土記』の行方郡条に、茨城国造壬生連《みぶのむらじ》と、那賀郡国造の壬生直《みぶのあたひ》が総領の高向臣と中臣幡織田連に請いて、茨城の地八里と、那賀の地七里を割いて建郡したと記るされているように、中臣幡織田連は総領の補佐を立派につとめているのである。

因みに、「ハタオリ」を「機織《はたおり》」でなく、あえて「幡織《はたおり》」と書くのは、神祭りの幡《はた》を織る中臣氏の一族であったことを如実に示すものであろう。

もともと「幡《はた》」は「旗《はた》」と区別され、一端を竿や、長く伸びた木に取り付け、吹きながす長幡《ながはた》をいうようである。

『古事記』には「隠国《こもりく》の泊瀬《はつせ》の山《やま》の大尾《おほを》には　幡張《はたは》り立《た》て　さ小尾《をを》には　幡張《はたは》り立《た》て」と、木梨《きなし》の軽太子《かるのみこ》の悲恋の歌に「幡張《はたは》り立《た》」てると歌われている。

幡を張り立てることは、元来神の降霊の目標とするものである。幡《はた》を吹き流して、神坐《かみくら》の場を指し示すのである。

御存知のように、五月の鯉幟《こいのぼり》につけられる五色の布《ぬの》は、もともとは、単なる装飾の吹流しでなく、天上にいます神に天降する処所を指示する目標《めじるし》の布であった。

このような、神降の幡を織ることに奉仕した中臣氏が、管理する田を、中臣幡織田《はたおりだ》と称したのではないだろうか。

因みに、夜の神降しの目標《めじるし》となるものは、聖火であった。

第五話　我姫《あづま》の国《くに》

土地の古老たちが伝えるところによれば、足柄山《あしがらやま》より東に位置する国々は、すべて「我姫《あづま》の国《くに》」と呼ばれていたという。

このように、「我がいとしい姫《ひめ》」というロマンにみちた地名がつけられるには、次のような倭建命《やまとたけるのみこと》と弟橘比賣《おとたちばなひめ》の悲しい物語が伝えられていたのである。

ヤマトタケルノミコト（倭建命）が蝦夷《えみし》討伐のため東征された時、現在の東京湾の入口の走水《はしりみず》で、海神の怒りをかい、暴風雨に見舞われたという。

船は木の葉のように荒浪にもまれ、あわや水没の危険が迫った時に、ヤマトタケルノミコトの愛する妻であったオトタチバナヒメ（弟橘姫）が、自ら進んで入水され、海神をなだめて、夫のヤマトタケルノミコトの御命《みいのち》を救われたのである。

ミコトは、東征を終えて、都に還られる時、足柄山の峠にさしかかり、東国と別れをつげながら、三度《みたび》、亡き比賣《ひめ》（姫）をしのんで、「吾妻《あづま》はや」と叫び悲しんだと伝えられている。

その伝承から、足柄山《あしがらやま》より東の国々は、「吾姫《あづま》の国《くに》」とか、「吾妻《あづま》の国《くに》」と称するようになったのである。（『古事記』）

古代では、東海道を下るには、現在の静岡県の沼津から黄瀬川《きせがわ》をさかのぼり、足柄山の東の麓を通るコースをたどっていたが、この交通の要衝の地に、早くから関が設けられていた。

それより東の国々を区別して、監視するためである。

または、足柄山の関より東の国であったから、『関東《かんとう》』とも呼ばれている。

ところで ヤマトタケルノミコトは、吾妻《あづま》の国にむかわれる時、なぜ、東京湾を横切り、房総半島に上陸されたかのかといえば、当時、武蔵《むさし》の国《くに》が、利根川の乱水によって交通が困難を極めていたからである。

現在の東京を流れる荒川《あらかわ》、中川《なかがわ》、江戸川《えどがわ》などは、すべて利根川の分流で、東京湾に乱流となってそそぎこんでいたのである。

それ故、それらの川に、仮りに橋はかれられても、大雨が降ればすぐに押し流されてしまい、南武蔵（現在の東京都）を旅人が横断することは、極めて困難であった。

昔の旅人は、相模《さがみ》の国《くに》から、武蔵に入ると直ちに多摩川沿いに北上し、毛野《けぬ》の国《くに》（現在の群馬県、栃木県）に向うルートをたどった。

それ故、武蔵の国が、奈良時代の終り頃まで、東海道には属せず、東山道の一国に編せられていた。

当時の東海道筋のコースは、相模からは、東京湾を船でわたり、房総半島に上陸し、更に房総半島の内房を北上して、上総《かずさ》は、下総《しもおさ》《しもうさ》の国を経て、常陸《ひたち》の国に赴いたのである。

この東海道の終点の国が、これから取り上げてお話しようと思う、常陸《ひたち》の国である。

先に触れたように、都から東国に赴くのに海沿いの国々を通《たど》るコースを、東海道と呼んでいた。

これに対し、山道を越えるコースのが東山道《とうさんどう》であった。東海道、東山道は路の名であると共に、また行政区画の名称ともなっていった。

第六話　ヒタチの国

常陸の国は、現在のほぼ茨城県に相当する国に当たるが、「ヒタチ」と名付けられる地名由来伝承が、昔からいくつか、伝えられている。

その一つは『常陸国風土記』に見られる、陸路づたいに、一直線に赴ける国、つまり「直通《ひたみち》」から起るというのである。

だが、わたくしはこの説は、大変、理屈ぽい話で、官人たちが後から考えついた命名のように思われてならないのである。

それよりも、倭健命（ヤマトタケルノミコト）が、新治《にひばり》の県《あがた》の地方を巡行された時、国造《こくぞう》の毗那良珠命《ひならすのみこと》に、新しい井を掘らせたという話の方に、より興味をおぼえる。つまり、その泉の水が浄く洗《す》んでいたので、早速、ヤマトタケルノミコトが自ら御手《みて》をその水で洗われ、その折、袖《そで》が泉にふれて〝沾《ひ》じて〟しまった。そこで、袖《そで》を漬《ひた》したという意味で、ヒタチの国と名付けたというのである。

また『風土記』には、筑波山に黒雲がかかると、その降る雨により、ひとびとは、身につける着物をびっしょりと漬《した》してしまうことから、「ヒタチ」の国の名前が起るといわれている。

これらの伝承の当否は別として、新しく掘られた泉や、筑波の雨雲に、土地のひとびとが異常な関心を寄せていることが知られ、わたくしは地名の由来としてむしろこれらの話に魅力を感ずる。

『常陸国風土記』には、各地のひとびとが、泉を生活の場の中心としてたことが、いろいろなところで語られている。泉《いづみ》は、御存知のように「出水《いづみ》」が語源であるが、日本の各地の絶層地形の処では、泉が溢き出す処が、少くからず存在していたようである。

大岡昇平の『武蔵野夫人』という小説には、恋人同士が、武蔵野の「ハケ」をさが求めるストーリーが中心となって展開していくが、この「ハケ」は、丘陵の崖ぷちであり、そこより涌き出る泉が「出水《いづみ》」の地であった。

古代のひとびとは、このような丘陵上に住居を構え、崖下の泉から飲み水を汲んでいた。そして、丘陵にはさまれる低湿地を開墾し、水田を切り開いて農耕の生活を営んでいたのである。

そして古代のひとびとが、多くつどう場所は、いうまでもなく水を汲みに集る所であった。そこで、ひとびとによっていろいろな噂さ話が交換され、伝達されていった。その話の中から、当然ながら、恋愛の噂話や多くの地名由来の伝承が生れていったから、自ずと地名伝承には、泉と結びつけられる話も生まれてきたのである。

また、水田耕作を営むひとびとにとって田に水を引く水や、泉や雨水が最大の関心のまとであったから、泉とともに、雨にまつわる伝承も、大切に伝えられたのである。

特に、常陸に住むひとたちにとって、神の山とされる筑波の山にかかる雨雲や、それによってもたらされる雨は、神の恵みの水そのものであった。

雨《あめ》は、天《あめ》《あま》より降る水の意であろうが、日本ではとりわけ〝司雨の神〟が古くから尊崇されていた。

たとえば、常陸国の最高神である鹿島の神は、建御雷《たけみかづち》と呼ばれる雷神であった。その神は恐しき雷神であったが、また恵みの、司雨の神でもあったのである。

第七話　日立《ひたち》ち

常陸の地名の由来を『風土記』を中心に、いろいろ述べて来たが、わたくしの考えを端的に述べるならば〝日立《ひた》ち〟が、原義ではないかと、想像している。

日立ちの〝立《た》ち〟は、旅立《たびだ》ちという言葉が示すように、出発することを意味する。

つまり、日立ちは、太陽の出発する所である。

太陽は、東の海から昇る。そこに直接、面するところがいわゆる〝日向《ひむか》〟の地であった。

『景行紀』には、景行《けいこう》天皇が、日向《ひうが》（宮崎県）の子湯県《こゆのあがた》に行幸された際に「是《こ》の国は、直《なお》く日《ひ》の出《いづ》る方《かた》に向《む》かふ」

とおおせになり、この国を、日向《ひむか》《ひうが》の国と名付けられたという伝承を記している（『日本書紀』景行天皇十七年三月条）。

この日向国は、現在の宮崎県に当るが、古代の伊勢の地もいうまでもなく、日向《ひむか》の聖地と見做されてきた。

『垂仁紀』には、天照大神《あまてらすおおみかみ》が倭姫《やまとひめ》に、「是《こ》の神風《かむかぜ》の伊勢国《いせの》は常世《とこよ》の浪《なみ》の重浪《しきなみ》の帰《き》する国《くに》なり」（『垂仁紀』垂仁天皇廿五年三月条）と告げられたという。

この伊勢の国（現在の三重県）は、近畿地方の東に位置し、直接、海に面した地域を占めている。

伊勢《いせ》（Ｉｓｅ）の地名も、〝磯《いそ》〟（Ｉｓｏ）を語源とするように、東の海に、直接、臨む国であった。

そのような国の海は、朝日が毎朝生誕し、更生して昇る土地であったから、この地に太陽神とされる天照大神が祀られて来たのである。これに対し、九州の日向は、初代の天皇とされる神武《じんむ》天皇の父君である鸕鷀草不合尊《うがやふきあえずのみこと》を祀る鵜戸《うと》神宮が祀られているし、また神武東征の出発点にも当てられているのである。

このように見ていくと常陸の国、つまり現在の茨城県も、関東地方の東に位置し、直接太平洋に面しているから、一種の日向の国の一つであったことになる。

『常陸国風土記』の序章に、常陸の国を

「古《いにしへ》の人《ひと》、常世《とこよ》の国《くに》といへり」

と称していたとあるが、伊勢の国が「常世の浪《なみ》の重波寄《しきなみよ》する所《ところ》」といわれたことと同じように、常世の国からすべてのものを更生する聖なる浪が打ち寄せる国だったのである。

御存知のように、日本人は、古くから常世《とこよ》の信仰をいただき続けて来た。

海の彼方に、生命を更生せしめる国、常世の神のいます国があると信じていたのである。

常世は〝永生〟の国と考えるよりも、わたくしは、むしろ、永遠に生命を再生させるところだと思っている。

常世の神は、常世の浪に乗って、年毎に陸上を訪れ、ひとびとを祝福し、更生せしめて、ふたたび常世の国に帰られると考えられていた。その神が、いわゆる「稀《ま》れびと」であり、その浪こそが「常世の浪《なみ》」であった。

特に、伊勢の地に毎日、再生して昇る朝日は、日本の最高神である天照大神《あまてらすおおみかみ》そのものと意識されていった。

とすれば常陸もまた、太陽の再生の地と土地のひとから信仰され、〝日立ち〟の国と呼ばれていたのではないだろうか。

古代から尊崇される常陸の鹿島《かしま》の神や、大洗《おおあらい》神社も、それぞれ海岸に面した処に祀られていることを注目していただきたいのである。

第八話　大洗《おおあらい》の神《かみ》

大洗神社の名があがったついでに、少々、大洗神社の起源に触れておこう。

大洗神社は、大洗磯前神社《おおあらいいそざきじんじゃ》と呼ばれるように、大洗の海に臨むように祀られている。

その神社の鎮座由来は、次のように伝えられている。

『文徳実録《もんとくじつろく》』によれば、斉衡《さいこう》三年（八五六）十二月の夜中に、二箇の光かがやく怪石が漂着し、自ら、大奈母知《おおなもち》、少比古奈《すくなひこな》の二神であると託宣した、という。

このふたりの神々は、昔、この国を造り終えて東国に去ったが、今、更び民を救済するために、再び帰り来たのだと告げられた。

その翌年の天安元年（八五七）十月には、朝廷から、早くも、これらの神々に、「薬師菩薩《やくしぼさつ》」の尊号がおくられている。（『文徳実録』）

このように、神仏混合の信仰が見られるが、東方より民を救済されるために来られた神を、「薬師《やくし》」という仏に習合されるのは、薬師が、東方浄土の浄瑠璃光《じょうるりこう》の仏であったからである。

薬師の仏が、「薬師《やくし》」の名を冠されているように、ひとびとの病苦を救済するこの上もなく有難い仏であった。

日本では、古くから、大奈母知《おおなもち》、すなわち、大国主神《おおくにぬしのみこと》と少奈彦《すくなひこ》の神は、ひとびとや動物の「病《やまい》を癒《おさむ》る方《みち》を定《さだ》」めた神であった。

例えば、大国主神が、和邇《わに》（鰐鮫《わにざめ》）のために皮をはがされ、〝素兎《しろうさぎ》〟となった兎に、真水で身を洗い、蒲黄《かまのほ》にくるまれば、たちどころになおるであろうと教えた話が伝えられているが、これは、大国主神が漢方医系の呪医の神であることを示唆している。なぜならば、蒲の黄《がまのほ》は、漢方薬の代表的な治療薬の一つであるからである。

それは兎も角として、それらの神々が東の海から浪にのって来られてことを考えると、これらの話には、更生の神である常世の神の信仰が、その底流にあったことを示している。

『延喜式《えんぎしき》』という平安初期の法令集には、「石斛《せっこく》」を、スクナヒコの薬根《くすね》と呼ばれている。現在でもスクナヒコの神は、薬局の神様として祀られているように、医薬の神と考えられている。

そのスクナヒコの神は、オオクニヌシの神と、国づくりが一通り、完成すると、熊野《くまの》の御碕《みさき》より「常世の国」に帰られたと、『神代紀』には記しているが、スクナヒコの神は、つまり、常世の国の神であった。

このように見てくると、常世の神であるスクナヒコと、オオナモチの神が訪問されたという常陸の国は、「常世の浪」の打ち寄せる国と観念されていたと考えてよい。

因みに、スクナヒコの神は

「神酒《くし》の神（司《かみ》）は、常世に坐《いま》す　いわたたす　少御神《すくなみかみ》」（『神功皇后紀』）

と讃えられるように、酒《さけ》の神《かみ》でもあった。

酒は御神酒《おみき》と称されるように、本来は祭りの際に、エクスタシーに入り、入神するための神聖な飲料であった。

そのために、酒は神の祭りの場に限られてふるまわれ、常世の国に参入するための霊薬であった。

第九話　新治《にいばり》の地《ち》

さて、『風土記』の順をおって、新治郡の条から見ていこう。

新治の地名の由来を『常陸国風土記』では、崇神《すじん》天皇の御代に、東国の夷《えびす》を討つために派遣された比奈良珠命《ひならすのみこと》が、この地で新しい井を掘ったので、新治《にいはり》と名付けたとしている。因みに、このヒナラスの名前は、「夷治《ひなな》す」の意味であろう。「夷治《ひななら》す」は、東の夷《えびす》を平定することであるが、また、夷の荒れ地を開墾すること、つまり、「治《な》らす」も意味したのではないだろうか。

その新しく土地を開拓するために、先ず、水源を求めることが、必要であった。このように、新治は、文字通りの荒れ地に水をひき、「新墾《にいば》り」する処の意であろう。つまり、土地を新たに開墾されたところであった。

『万葉集』巻十二―二八五五には

「新墾《にいばり》の　今作《いまつく》る路《みち》　さやかにも　聞《き》きにけるかも　妹《いも》が上《うへ》のことを」

とあり、新しく今作る路というように、新墾は新しく切り開かれ土地を指し、そこに新しい路が作られていると歌っている。

『顕宗紀』には、弘計王《をけのみこ》（後の顕宗《けんそう》天皇）が、身をやつして隠れていた播磨《はりま》の縮見屯倉《しじみのみやけ》（兵庫県三木市志染《しじみ》町）の新室《にいむろ》の寿《ことほ》ぎが行われた席で

「出雲《いずも》は　新墾《にいばり》、新墾《にいばり》の　十握稲《とつかしね》を　浅甕《あさらけ》に　醸《か》める　酒《おおみき》」

と詠じている。これは「出雲田《いづもだ》と呼ばれた新しく開墾された稲田から、初めて収穫された十握の稲を刈り取り、それを醸造した浅い甕の酒で、新室の祝いをしたいという意味である。新しいものは、新しい聖なるもので祝うのが、ふさわしかったからである。この縮見の屯倉《みやけ》は、朝廷領の一つであったから、その周辺の地は、屯倉の民を使役して、積極的に切り開かれた治田が存在していたのであろう。

屯倉は、いうまでもなく〝御家稼《みやけ》〟の意味で、御屋《みや》、すなわち朝廷の直轄の米の収納する倉庫を中心に、そのまわりに設けられた田地を指す。後になると、屯倉を御家《みやけ》とか〝三毛《みやけ》〟と表記するようになるが、『和名抄』には、常陸国鹿島郡三宅郷《かしまぐんみやけごう》などとあるが、これはかつて「屯倉」が置かれた地域である。因みに「三毛」の「毛《け》」は作物の意である。

ここに見える、常陸の「三宅郷」は、大洗神社が祀られる現在の大洗町や旭村あたりに比定されている。

この地域には、上《かみ》の台《だい》古墳群や下の台《しものだい》古墳群が散在し、早くから開拓されていった土地であった。

ここに屯倉が置かれたのは、一つには、この地が海上交通の重要拠点であったからであろう。全国の屯倉は、交通上軍事上の拠点に設けられることが少なくなかった。また、一般に屯倉を耕作に当る農民集団を「田部《たべ》」と呼んでいたが、現在でも旭村には、「大田部《おおたべ》」の地名が残されている。

それは兎も角として、新治の地は、ヤマトタケルノミコトが、甲斐《かい》の酒折宮《さかおりのみや》（山梨県甲府市酒折）で「新治《にいばり》　筑波《つくば》を過《す》ぎて　幾夜《いくよ》か寝《ね》つる」と、連歌に歌われた土地でもあった。

ヤマトタケルノミコトが特に東国の想出に、新治、筑波をあげたのは、その地がミコトをあたたかく迎えたくれたところであったからであろう。

もともと、この地は朝廷と親密に結びついていた豪族の居住地であったからである。

第十話　風俗《くにぶり》の諺《ことわざ》

この新治《にいばり》を、「風俗《くにぶり》の諺《ことわざ》に、しらとう新治《にいばり》の国《くに》といふ」と『風土記』には記るされている。この「風俗」は「クニブリ」（国振《くにぶ》り）と訓ませているが、それはその国の習慣やその気風を現す言葉であるという。

また、「風俗《くにぶり》の諺《ことわざ》」は、土地のひとびとが古くから言い伝えていることである。諺は、ひとびとが物語を次々と語りつたえることであろう。

ところで、この「しらとう」であるが、『万葉集』に

しらとふ　小新田山《をにひたやま》の　もる山《やま》の　末枯《うらが》れなせな　常葉《とこは》にもがも　（巻十四—三四三六）

という上野国の歌を載せて、「しらとふ」を「新《にひ》」という言葉にかかる枕詞としている。

「しらとう」は、よく『白遠ふ』の文字を当てられているが、その語源はさだかでないが、「新《にひ》」に掛るとすれば、このシラ（白）は、出来上りの生地《きじ》のままなる状態をいい、「トフ」は、透き通《とほ》る有様を現すものではないだろうかと、わたくしは秘かに想像している。

いづれのしても、東国特有の枕詞であったようである。

『風土記』に郡より東と記すが、これは、新治の郡家《ぐうけ》（郡司の役所）を基準としていることを示している。その郡家より東方、五十里に笠間《かさま》の村があり、ここに通うのは、葦穂山《あしほやま》を越えていかなければならないと伝えている。

笠間の村は、いうまでもなく、現在の茨城県笠間市笠間である。

笠間という地名は、古代のひとびとから好まれたと見えて、大和国宇陀《うだ》郡笠間郷《かさまごう》（奈良県宇陀郡榛原《はいはら》町）や、伊賀国名張郡《なばりぐん》笠間庄（奈良県宇陀郡室生《むろう》町上笠間、下笠間）、或は、伊勢国員弁《いなべ》郡笠間郷（三重県員弁郡大安《いなべぐんだいあん》町梅戸《うめど》）、加賀国石川郡笠間郷（石川県松任《まっとう》市笠間町）などが存在していた。

笠間という地名は、丘陵と丘陵に挟まれる狭間《はざま》が、「笠間」に転じたものと解されているが、笠をひっくり返したような盆地状の地を、笠間と表現したのかも知れないと、わたくしは想像している。

『風土記』にも、「越《こ》え通《かよ》う道《みち》、葦穂山《あしほやま》」と記るされるように、山を越えて笠間に入ったのであろう。

当時の重要な道路としてかっては、下野国の国府（栃木県下都賀郡壬生町《しもつがぐんみぶまち》）より東に向い、現在の茨城県筑西市（新治郡伊讃《いさ》郷）を通り、桜川市岩瀬《いわせ》町（新治郡家）を経て、この笠間に至り、それより南下して常陸の国府の存在した石岡市に結ぶ道が存在していた。

筑西市は伊讃郷《いさこう》の名が示唆するように、上毛野公《かみけぬのきみ》と同族である射狭《いさ》の君《きみ》との関係をしのばせるものであるから、毛野氏がかつて、この地を圧えていたのではないかと想像している

上毛野《かみつけぬ》（群馬県）下毛野《すもつけぬ》（栃木県）に、古くから権力を誇った毛野一族の蟠踞地と、その東に接する常陸の国を結ぶ交通路は、早くから開かれていたのであろう。だが、大和朝廷の勢力が伸びて来るようになると、逆に、このルートは毛野を索制する重要な役割を与えられていくのである。

笠間は、そのような拠点の一つであったから、油置売命《あぶらおきめのみこと》の討伐の物語が伝えられたのではないだろうか。

第十一話　隠国《こもりく》の泊瀬《はせ》

『風土記』にいう葦穂山《あしほやま》は、現在の足尾山である。この足尾山には、古老の伝えるところによれば、昔、油置売命《あぶらおきつめのみこと》という山賊が住んでいて、この女賊は、いつも、その山の石室《いしむろ》《いわや》に住んでいたという。

この油置売命の「油」は『雄略記』に

「瑞玉盞《みずたまうき》に　浮《う》きし阿夫良《あぶら》　落《お》ちなづさひ」

と歌われているように、「阿夫良《あぶら》」は、酒の上にぎらぎらと浮き上る酒膏《さかあぶら》であろう。『和名抄』にも、「醪敷、佐加阿布良《さかあぶら》、酒膏なり」と注している。「醪《ろう》」は、にごり酒の意である。「置売《おきめ》」は老女を現す言葉とも解されるが、この「置」は酒膏が、表面に浮んで置かれていることを現すと考えてもよい。

古代では、酒は、聖女自らが、かみし御酒であった。この神酒を製造し、管理する女性そのものが油置売命ではないか思っている。

「今《いま》も社《もり》の中《なか》の石室」にありと『風土記』に記しているが、神社の「社」を特に「モリ」と訓むのは、神の降霊するところが、鬱蒼たる聖なる森《もり》であったからである。その中に最も高く聳える木が、依代《よりしろ》（御神木）とされた。

そして、その一郭を、注連《しめなわ》で囲い、そこに置れた岩倉《いわくら》が、神坐《かみくら》となるのである。鹿島神宮の「要石《かなめいし》」は、その典型な例といってよい。また、聖なる岩室《いわむろ》は、神の隠る場所であったが、禁断の恋いに破れた恋人達や罪人が、最後にのがれるアジールでもあった。

『万葉集』にも

かくばかり　恋《こ》ひつつあらば　高山《たかやま》の　磐根《いわね》し　纏《ま》きて　死《し》なましものを　（巻二―八六）

と歌っている。右の相聞歌は、こんなに苦しい恋をするならば、いっそ高山の墓に籠って、岩を枕として死んだ方がましだという恋の苦悩を示す歌である。

『風土記』の

言痛《こちた》けば　をはつせ山《やま》の　石城《いわき》にも　率《い》て籠《こも》らなむ　な恋《こ》ひそ吾妹《わぎも》

も、同じような恋に苦しむ歌と見てよい。「言痛《こちた》し」は、悪意を含む噂話《うわさばなし》で、吾が身が傷つくことである。『万葉集』には、この他

言痛《こちた》くば　かくも為《せ》むを　石代《いわしろ》の　野辺《のべ》の下草《したくさ》　吾《われ》し刈《か》りては　（巻七―一三四三）

などと、「言痛き」を嘆く歌が少なからず収められている。

ここに、少泊瀬山《おはつせやま》と歌われているが、この歌はもともと、常陸の国を歌ったものではなく、恐らく、大和で歌われたものを援用したものであろう。

「隠国《こもりく》の泊瀬《はつせ》」（『万葉集』巻十三―三三一〇）といわれるように、隠国《こもりく》は、泊瀬の枕詞である。いうまでもなく、泊瀬山は、奈良県桜井市東部の山である。『風土記』の油置売命の物語りは、このように征討物語ではなく、寧ろ、恋の物語が転化していたものと考えるべきであろう。神酒を管理する聖女への禁断の恋の物語である。

巫女への恋は一般に許されないものであったことは、『古事記』の美和《みわ》（三輪）の引田部《ひきたべ》の赤猪子《あかいこ》の物語からも窺い知ることが出来た。（『雄略記』）だから、「忌々《ゆゆ》しきかも白檮童女《かしらおとめ》」と歌われたのである。

第十二話　蛇神《じゃしん》との戦《たたか》い

新治郡の郡家《ぐうけ》は、『和名抄』にいう新治郡新治郷に比定される、現在の茨城県筑西市古郡《ふるごおり》に存在した。新治郡は、涸沼川《ひぬまがわ》上流から桜川の上流、及び小貝《こかい》川の流域一帯を占める郡である。

この郡の伝統的な大領は、新治直《にいはりのあたい》であった。

『続日本紀』によれば、大領の新治直は、銭二千貫、及び商布一千段《たん》を朝廷に献じて、外正五位下を授けられている。（神護景雲元年（七六七）三月条）。財力豊かな豪族であったようである。

また、延暦九年（七九〇）には、大領の新治直大直《おおなお》は、私物を投じて、貧民の救済に当り、その功績で、政府から外《げ》従五位下を授けられている。

この新治直の出自は、必ずしも明らかではないが、『国造本紀』には

「新治国造《にいはりのくにのみやつこ》
志賀高穴穂朝《しがたかあなほのみかど》の御世《みよ》　美都呂岐命《みつろぎのみこと》の児、比奈羅布命《ひならふのみこと》を国造《こくぞう》に定《さだ》め賜《たま》う」

と見え、比奈羅布命《ひならふのみこと》を国造の祖としている。恐らく、比奈羅布命は、『風土記』にいう比奈良珠命《ひならすのみこと》と同一人物であろう。

新治直は、自らこの比奈良珠命を祖先伝承をもち、新治の地を積極的に開拓したので、新墾を姓名としていたのではないだろうか。そのため財力に豊み、それを誇っていたから、朝廷に多大の献物を差出して、授位されたのである。

『万葉集註釈《ちゅうしゃく》』巻三には、『常陸国風土記』の逸文を載せているが、新治郡の大神《おおがみ》の駅家《うまや》の『大神』の地名伝承は、

「大蛇《おおがみ》多くあり、因《よ》りて駅家《うまや》に名《な》づく」

と記している。

『和名抄』では、「巨神郷《おおかみごう》」と記されているが、現在の茨城県笠間市大郷戸《おおごと》や稲田町《いなだまち》附近に比定されている。

「神代紀」では、『龗《れい》《ろう》』つまり水神を、「オカミ」と訓んでいるし、『豊後国風土記』直入《なおいり》郡球覃《くたみ》郷の条にも

「蛇龗、於箇美《おかみ》と謂《い》う」

と記している。

現在でも、笠間市稲田には稲田姫神社が祀られているが、ここには素戔嗚命《すさおのみこと》と稲田姫《いなだひめ》が祀られている。

勿論、「稲田」の地名に誘引されて、スサノオノミコトの八岐大蛇退治の物語に附会されたものであろうが、稲田を耕作しようとした時、低湿地に少なからぬ蛇の群れがいたからであろう。

『常陸国風土記』行方《なめかた》郡の条には、箭括《やはず》の麻多智《またち》という豪族が、郡の西の谷の葦原を開拓しようとした時、夜刀《やと》の神が現れ、それを妨害せんと計ったと伝えられている。

夜刀の神は、谷《やつ》の神の意味で、この低湿地である葦原に群生する蛇の群れであった。

葦原の開拓は、低湿地の蛇神との戦いでもあったのである。

第十三話　筑波《つくば》の豪族《ごうぞく》

筑波の郡の条には、先ず、古老の次のような地名由来伝承をかかげている。

それによれば、筑波《つくば》の県《あがた》は、古くは、〝紀《き》の国《くに》〟と呼ばれていたが、采女臣《うねめのおみ》の一族筑箪命《つくばのみこと》が、この県《あがた》の国造に任ぜられ、我が名を国に著けたいと願い、「ツクバ」の名が、その国に名付けられたと伝えている。

「紀の国」という地名は、一説には城塞《じょうさく》、つまり柵《き》の意であるとも考えられるが、近畿地方の紀の国が木《き》の繁茂する国であるように、矢張り、「木《き》の国《くに》」が原義であったと考えてもよい。

『神代紀』には、素戔嗚命《すてのをのみこと》が、多くの木種を紀の国に殖えたので、「木の国」と名付けたと記しているように、筑波のもとの地名も木の国ではなかったろうか。「ツクハ」の名称も、一説に、「木《き》につく葉《は》」とも解されるからである。

筑箪命《つくばのみこと》は、采女臣《うねめのおみ》の一族と称しているが、『新撰姓氏録《しんせんしょうじろく》』（右京神別上）には

「采女朝臣《うねめあそん》
石上朝臣《いそのかみ》と同祖《おなじおや》なり　神饒速日命《かみにぎはやひのみこと》の六世《ろくせい》の孫大水口宿祢《まごおおみなくちすくね》の後《あと》《すえ》なり」

とか、「和泉国神別」にも

「采女臣《うねめのおみ》神饒速日命の六世の孫伊香我色雄命《いかがしこおのみこと》の後なり」

と見えるように、物部氏の一族と称していた。

特に、采女臣と称するのは、筑波の国から伝統的に朝廷に采女《うねめ》を献じていたからではないだろうか。

大化前代には、地方の豪族がヤマト王権に服属するとき、子弟を舎人《とねり》として差し出すか、或は、娘を采女として貢するならわしがあった。

舎人は、天皇の身辺の警護に当る役であるが、采女は、本来は地方の国魂《くにだま》を天皇に憑依する神聖な聖女であった。そのため、天皇以外の中央豪族もこれと通ずることは、一切許されなかった。ただ、律令制が確立していくにつれ天皇の妻たる資格は、妃《ひ》、夫人《ぶしん》、嬪《ひん》という皇女や高官の娘に限られると、次第に下級の女官においやられてしまうのである。

それでも、奈良時代でも、筑波采女壬生連小家主《みぶのむらじこやぬし》の如く、従五位下を賜わる女性も見られたのである（『続日本紀』神護景雲元年（七六七）三月条、宝亀七年（七七六）四月条）。

因みに、ここでは筑波の豪族は、「壬生」と名告っているが、「壬生」は、「乳部《みぶ》」（『皇極記』元年条）とも表記されるように、皇子の哺育にあたる部民であったが、特に皇太子であった聖徳太子に与えられた部民とされていたようである。

常陸国では、主だった豪族は、多く壬生部に編せられていったことは『常陸国風土記』行方郡《なめかたぐん》の冒頭にも「茨城の国造、小乙下壬生連麿《せうおつのしもみぶのむらじまろ》、那珂《なか》の国造、大建《だいけん》、壬生直夫子《みぶのあたいおのこ》」から知られよう。

後世、常陸国が親王任国の一つにあげられるのもこのような伝統があったからであろう。このような、国から朝廷に采女が伝統的に差出されていたのである。

第十四話　握《にぎ》り飯《いい》、つくばの国《くに》

筑波の郡は、「東は茨城《うばらぎ》の郡《こほり》、南は河内《かわち》の郡、西は毛野川《けぬがわ》（鬼怒川）、北は筑波の岳《やま》なり」と、『風土記』に記るされているが、ほぼ現在の茨城県筑波郡と同じである。

「風俗《くにぶり》の諺《ことわざ》」には、「握飯筑波《にぎりいいつくば》の国《くに》」といわれていたというが、これは握《にぎ》り飯《めし》を食べようとすると、手の指《ゆび》や飯笥《みけ》に米粒が附着することから、思いつかれた名称であるという。

古代のひとびとにとって、握り飯は、農作の場や、旅先などでよく握り飯が食べられた。そのため、このような、日常茶飯事のことから風俗の諺が思いつかれたのであろう。

旅先きで、御飯笥《みけ》（弁当箱）に食物が附着する話は、「播磨国《はりまのくに》風土記」美嚢郡志深《みなぎのこほりしじみ》の里《さと》の条にも見られるが、それは、伊射報和気命《いざほわけのみこと》（履中天皇）がこの地に行幸され、食事をめされた時、信深《しじみ》（蜆貝）が御飯の笥《はこ》に附着したことにもとづくものである。

同じ『播磨国風土記』にも、揖保郡《いいぼぐん》の名称が飯粒《いひも》にもとづくように、神の口許から、「粒《いいぼ》」がこぼれ落ち、丘《おか》をなした話が伝えられている（『播磨国風土記』揖保郡粒丘《いいぼぐんいいぼのおか》条）。そこには「この丘《おか》の小石《こいし》、皆、能《よ》く粒《いいぼ》に似《に》たり」と記るされているが、この粒丘《いいぼのおか》は、兵庫県龍野《たつの》市揖保町北方の中臣山現権山《なかとみやまごんげんやま》に比定されている。

また先の志深の里は、億計王《おけのみこ》（仁賢天皇）、弘計王《をけみこ》（顕宗天皇）がかくれすんでいたといわれる縮見《しじみ》の屯倉《みやけ》（兵庫県三木《みき》市志深《しじみ》町）の地域である。

それは兎も角としても、『風土記』の筑波の伝承の物語も、新嘗《にいなめ》の祭り、つまり新穀を神に供する話に関っていたことは、注意さるべきことだと思っている。

しかも、その話は、はるばる旅をして尋ねて来られた祖神に、食事を供することが、話題の中心となっている。

『和名抄』には、筑波郡に方穂郷《かたほごう》が見えるが、この地は、現在、つくば市大穂《おおほ》町や豊里《とよさと》町附近に当てられるが、それらの地名は、稲穂がたわわに実ることを想起せしめる。

また、これと並んであげられる「佐野郷《さのごう》」は「稲野《さの》」の意と考えられるように、この地も、稲作縁いりの地名である。

『日本書紀』『神代紀』の最終の章には、一書に曰《い》はく、先づ彦五瀬命《ひこいつせのみこと》を生みたまふ。次に稲飯命《いなひのみこと》、次に三毛入野命《みけいりののみこと》、次に狭野尊《さののみこと》、亦《また》は神日本磐余彦尊《かむやまといわれひこのみこと》（神武天皇）と記るされるがこれらの7神の名に見える、「サ」は、酒の「サ」、早稲《わせ》の「サ」で、稲のことを指す言葉である。

因みに、三毛入野命《みけいりののみこと》の〝三毛《みけ》〟は、「御禾《みか》」の意味である。作物を今でも「毛《ケ》」と称するのは、今でも用いられる二毛作の言葉からお判りいただけるだろう。

特に、稲飯命《いなひのみこと》が神武天皇のご兄弟の御名であることから推せば、これらのすべての神々は、穀霊神的な性格を持っておられたのであろう。筑波も、かかる神が、「うしく国」（支配する）であったから、「握飯筑波《にぎりいいつくば》の国」と呼ばれたのではないだろうか。

第十五話　二上山《ふたがみやま》

筑波の山の名は、関東平野の尽《つ》きる端《は》にある山の意味ではないかと考えている。

古代の関東平野は、平安時代の『更級日記《さらしなにっき》』の一節にも
「むらさき（紫草）生《お》ふと聞《き》く野《の》も、芦荻《あしおぎ》のみ高《たか》く生《お》ひて、馬《うま》に乗《の》ても弓《ゆみ》もたる末見《すえみ》えぬまで、高《たか》く生《お》ひしげて」

とあるように、一面、茫漠たる平原がひろがっていた。

その時、このような道なき道の関東平野の東北の方に、筑波山がその姿が望まれたのである。

筑波山は、八七〇メートルばかりの山で、必ずしも高峰ではないが、男体、女体の合わさる、いわゆる二上山《ふたかみやま》として特徴のある山であった。

また古代のひとびとは、このような二上山を信仰やロマンの対象として、常に仰ぎ見ていたようである。

奈良県の大和盆地の西にある二上山《にじょうさん》は、古代では、「フタガミヤマ」と呼ばれていたが、東の三輪山《みわやま》が朝日の昇る山と意識されるのに対して、西の二上山は、日の沈する山として、大和のひとびとに親しまれてきた。

『万葉集』にも

「紀路《きぢ》にこそ　妹山《いもやま》ありと云《い》へ　櫛上《くしかみ》の　二上山《ふたがみやま》も妹《いも》こそありけれ」　（巻七―一〇九四）

と歌われ、二上山の妹山に、恋する妹を掛けて、恋心を歌っているのである。

勿論、「クシガミの」と二上山に冠するように、奇しき山、つまり神聖な山として尊崇されていた。

しかし、『万葉集』に登場する二上山は、この大和盆地の二上山《ふたがみやま》だけではなかったようである。

たとえば、越中国射水郡《えっちゅうのくにいずみぐん》二上山は、大伴家持《おおとものやかもち》の歌の名所として有名である。この二上山は、現在の高岡市《たかおかし》と氷見《ひみ》市との堺いをなす山である。標高二七〇メートルばかりの山であるが、山頂は二つの峰に分れている。

家持は

「射水川《いずみがわ》　い行き廻《ゆめぐ》れる　玉《たま》くしげ　二山《ふたがやま》に」（巻十七—三九八五）

と、『二上山の賦《ふ》』に詠じている。因みに、「玉櫛笥《たまくしげ》」は「カミ」に掛る枕詞である。

そして、家持は、更に「ふり放《さ》け見《み》れば、神《かむ》がらや　そこば貴《たふと》き　山《やま》からや」と歌って、神の山として仰ぎ見ている。

筑波の二上山も、同じように、神の山であった。『風土記』にも、「雄《お》の神と謂《い》ひて登臨《のぼら》しめず」とあって、禁足の聖なる山として描かれている。

このように、聖山であるとともに目標しの山であったから、当時のひとびとは親しみを込めて仰ぎ見られたのである。

『風土記』に載せる歌にも、筑波山を、「神嶺《かみね》」と称しているが、『万葉集』にも、

「この山を領《うしは》く神」（巻九—一七五九）

として、神の支配下にある聖山として崇められたきた。

このようにいずこの二上山も、すべて忘れ難い、なつかしい神の山として尊崇されてきたのである。

第十六話　新嘗《にいなめ》の祭《まつ》り

この筑波山と、富士山は、広漠なる関東平野を旅するひとにとって、恰好の目標《めじる》しの山となしていた。

そのため、ここを旅する人は、常に北の筑波山と、西の富士山の位置を意識し、自分の居場所を確認しなければならなかった。

筑波山は決して高山ではなかったが、男女二峯の二上山で、特徴的な山であったから、遠くからも、直ぐに識別することが出来た。

このように、古くから筑波山と富士山は旅人の恰好の目標しの山であったから、物語にも、筑波山と富士山はペアーとなって語られることが、少くなかったのである。この場合、筑波の山麓のひとびとは、筑波山を贔屓するのは当然であろう。

昔、祖神《おやがみ》は、子神の富士山と筑波の山を訪問することとなった。

日が暮れて、やっと駿河《するが》の福慈《ふじ》の岳《やま》を訪れると、福慈の神は、「今丁度、新嘗《にいなめ》の最中で、一家の者達は、すべて、家のなかで諱忌《ものいみ》をしなければなりません。ですから今日、残念ながら、わたくしの家にお留《と》めすることは出来ません」と、にべもなく祖神をことわってしまった。

祖神はそれを聞き、大変立腹され「自分の親に宿をかさぬとは、どういうわけだ。お前が住んでいる山は、一生涯、冬も夏も雪を降らせ、ひとびとがお前を斎《いわ》い祀ることが出来ないようにしてやる」と呪詛したというのである。

そこで祖神は、仕方なしに、福慈の神の許を離れて、筑波山に住む子神のところにはるばる訪問された。

すると、筑波の神は、「唯今、新嘗《にいなめ》の最中ですが、わざわざ遠くから尋ねてくださった祖神を帰すわけにはいきません。どうぞ御緩《ごゆっく》りして下さい」といって、丁寧に飲食を供して接待した。

祖神は、大変喜んで早速次のように歌われたと伝えている。

「天地《あめつち》とひとしく　日月《ひつき》と共《とも》に　人民集い《たみぐさつどい》賀《ほ》ぎ　飲食《みけみき》豊《たけ》く
代々《よよ》に絶《た》ゆることなく　日《ひ》に日《け》に弥栄《さかえ》え　千秋萬歳《ちあきよろづよ》《せんしゅうばんざい》　遊楽窮《たのしみつき》じ」

この故事から、福慈の峯は名前にふさわしくない不孝者であったので、一年中雪が降りつもるようになり、それに対して孝行の筑波の山は、いつもひとびとが集い、ここで楽しく飲み喫いをしてくらすようになったというのである。

確かに郷土自慢の話ではあるが、これは筑波の山で歌垣《うたがき》（嬥歌《かがい》）が行われて来たことの由来を、神話的に説明するための伏線となっているのである。

因みに、『風土記』には、「新粟嘗《にひなめ》」と記るしているが、これは、新穀を神に祭る儀礼が行われる際には、古くは粟の新穀を神に供する祭りが存在していたことを示すものであろう。

恐らく、水田耕作が普及しない以前の、いまだ畑作の粟《あわ》が主食をなしていた伝統を、伝えていたものではないだろうか。

また、粟は稲穀と異り永く貯蔵に耐える食物であったので、稲作に従事する人たちにも粟作が奨励されていた。その粟は義倉《ぎそう》に収納され、飢饉の備えとされていたのである。

第十七話　嬥歌《かがい》（歌垣《うたがき》）

筑波の岳《たけ》は、西の峯と東の峯が連なっているが、その西の峯の雄岳《おだけ》は、「峯崢《さか》しく嶸《たか》く」、ひとびとが登ることを禁じられていた。それに対し東の峯の雌岳《めだけ》は、「峡《けわ》しくて屹《そばだ》てる」も、その側《かたわら》に泉が溢《わ》き流れて登ることが許されていた。

そのため、冬も夏も絶えずこの東の峯に、坂東のひとびとは集って来たのである。

特に、春の花の咲く頃や、秋の黄葉《もみじ》の時期には、ひとびとは、こぞってこの山に登った。

そこでは、ひとびとは、次のような歌を歌って、愉しんだと記るされている。

筑波嶺《つくばね》に　逢《あ》はむと　いひし子《こ》は　誰《た》が言聞《ことき》けば　神嶺《かみね》　あはずけむ

筑波嶺《つくばね》に　廬《いほ》りて　妻《つま》なしに　我《あ》が寝《ね》む夜《よ》ろは　早《は》やも明《あけ》ぬかも

この筑波のつどいは、いうまでもなく嬥歌《かがい》である。「かがい」とは、東国地方の俗語で歌垣をいう。（『万葉集』巻九―一七五九）

「かがい」は、恋の歌を、お互いにかけ合うことから起る言葉である。因みに、歌垣の「垣」も、「掛け合う」ことを意味すると解されている。

だが、あえて「垣」の文字をここに用いるのは、男女の人垣の意を含めているのではないだろうか。

歌垣には、男のグループと、女性のグループが相対して、自分の秘かに想う人に歌をなげかけるのである。

それをうけて、もし同意ならば、その人は歌を反す。

勿論、他人にすぐさとられないように表現しなければならないから、相手のひとの身につける物などにそっと託けて、秘かに歌を送る。

そして同意が成立すれば、暗闇にまぎれて手をとって、二人は結ばれるのである。

『万葉集』には、高橋虫麻呂《たかはしのむしまろ》の筑波の嬥歌《かがい》の歌がのせられているが、

他妻《ひとづま》に　吾《われ》も交《まじ》らむ　わが妻《つま》に　他《ひと》も言問《ことと》へ　この山《やま》を　領《うしは》く神《かみ》の　昔《むかし》より　禁《いさ》めぬ　行事《わざ》ぞ

と歌っている。（『万葉集』巻九―一七五九）

一見、乱婚状態を思われる嬥歌だが、これは恐らく、春の予祝《よしゅく》の行事の一つだと、わたくしは考えている。予祝とは、春先に、小高い丘や山に登って大地を見わたして、国讃《くにぼめ》を行うことである。それは、春先でもあるが、秋の豊年万作であるかのように歌い、大地の豊穣力をふるい起すのである。それ故、あらかじめ祝う予祝と呼ばれたのである。

それと共に、男女は自由に性的な交りを行い、大地の豊穣力を促進し鼓舞するのである。それが、すなわち歌垣（嬥歌）であろう。

だから、歌垣に限って他妻と交ることも、山の神は禁じないどころか、寧ろ、奨励したのである。

勿論、それには相手の同意を必要したから、最後までペアーを見つけ出すことが出来ず、一夜をむなしく明すひとも決してないわけではなかった。

『風土記』に載せる二つの歌は、まさに、ふられた男の悲哀の歌といってよい。『風土記』の著者は、都出身のインテリだったから、揶揄的な眼で、嬥歌を見つめていたのであろう。

第十八話　歌垣《うたがき》の山《やま》

筑波山で嬥歌《かがい》が行れた場所は、高橋虫麻呂の歌に

「裳羽服津《もはきづ》」（『万葉集』巻九―一七九五）

とあるが、ここは一般に、筑波山麓の六所神社附近の夫女《ぶじょ》が原《はら》であろうと考えられている。

裳羽服津の裳は、腰から下にまきつけた衣服をいうが、その裾《すそ》の部分がいわゆる裳羽服津《もはきづ》であろう。

「ハキツ」は、恐らく水のはき出るところで、泉の場をいうと考えられている。

『風土記』に、「坂《さか》より東《ひがし》の諸国《くにぐに》の男女《おとこおんな》……遊楽《たの》しみ栖犀《あそ》ぶ」と見える泉が、ここで言う「裳羽服津《もはきづ》」で、この泉の周辺が嬥歌の場所であったのではなかろうか。

歌垣の場所として好まれたのは、筑波山のように、男峰と女峰が並び立ち、抱擁し合う山であったようである。

『肥前国風土記』の逸文に、杵島岳《きしまだけ》の歌垣が伝えられているが、ここの山は、比古神《ひこかみ》と比賣神《ひめがみ》と御子《みこ》神の三つの山が連なっていた。つまり、御子神を生誕された夫婦《めおと》の山と意識されていたのである。

杵島岳は、佐賀県武雄《たけおし》市の東南の三四二メートル程の山であるが、ここは全国にも知れわたった歌垣の名所であった。

　ここでよく歌れた

あられふる　杵島《きしま》が岳《たけ》を　峻《さか》しみと　草採《くさと》りかねて　妹《いも》が手《て》を執《と》る

という「杵島曲《きしまぶり》」は、都のみならず、全国に流行していた。

『古事記』には、仁徳天皇の追われた女鳥女王《めとりめおおきみ》と、速總別王《はやぶさわけのおおきみ》は倉椅山《くらはしやま》に逃れ、

梯立《はしたて》の　倉椅山《くらはしやま》を　嶮《さか》しみと　岩《いわ》かきかねて　我《わ》が手取《とら》すも

とメトリノオオキミが歌えば、ハヤブサワケノオオキミは、

梯立《はしだて》の　倉椅山《くらはしやま》を　嶮《さか》しけど　妹《いも》と登《のぼ》れば　嶮《さか》しくもあらず

と唱和したと伝えている。

これらの『古事記』の歌も、恐らく、「杵島曲」の本歌を、アレンジして歌われたものであろう。

『万葉集』にも「仙柘《やまびめつみ》の枝《え》」として

霰降《あられふ》り　吉志美《ししみ》が獄《たけ》を　険《さか》しみと　草取《くさと》りはなち　妹《いも》が手《て》をとる（巻三―三八五）

と、ほとんど「杵島曲」と類似した歌を載せている。

このように杵島曲は、全国の歌垣の場に、広く流布していた。

歌垣は全国で催されたらしいが、史料的に確実に知られる処としては、『摂津国風土記』に見える雄伴《をとも》郡の歌垣山がある。

「此の岡（波比具利《はひぐり》の岡《おか》）の西に歌垣山あり。昔者《むかしは》、男《をとこ》も女《をみな》を、此《こ》の上《うへ》に集《つど》ひ登《のぼ》りて、常《つね》に歌垣《うたがき》を為《な》しき」

と述べられている。ここは、現在の大阪府豊能《とよの》郡能瀬《のせ》町の天神山とされるが、標高五五三メートルで、頂上は平坦で見晴しのよい場所であるという。

この山頂には、摂政関白藤原基房《もとふさ》が書いた「歌垣山」の碑が建てられている。またこの能勢町には、現在に至るまで歌垣《うたがき》という地名も残されているのである。

第十九話　騰波《とば》の江《おうみ》

筑波郡の条には、最後につけたすように「騰《と》波《ば》の江《おうみ》」にふれている。

この湖は、「東は筑波郡《つくばぐん》、南は毛野川《けぬかわ》、（鬼怒川）西と北は新治《にいはり》郡に接する」という、かなり大きな湖であった。

現在は、ほとんど干拓されて、そのおもかげをしのばせるものは既にないが、『万葉集』には検税使《けんぜいし》、大伴卿《おおともきょう》の「筑波山に登る歌」の中に

「新治《にいばり》の　鳥羽《とば》の淡海《あはうみ》も　秋風《あきかぜ》に　白浪立《しらなみた》ちぬ」　（巻九―一七五七）

と歌っている。

この湖は、昔、小貝川《こかいがわ》と鬼怒川《きぬがわ》（毛野川《けぬがわ》）がこの附近で合流し、その氾濫によって形成されたものといわれているが、現在、北は関城《せきじょう》町、南や西は下妻市《しもづまし》、東は明野町《あけのまち》に及ぶ広大な湖であったという。

この湖は、風が吹けば波が立つという意味で〝騰波《とば》〟の湖と呼ばれたようだが、次第に毛野川（鬼怒川）の流れが変じ、豊田郡の方に転ずると、いつしか田地に変っていったのである。

このように、古代ではひとびとに親しまれ、歌で歌われるような湖や池でも、現在では完全に姿を消してものも少くないのである。

たとえば、大和国高市一郡にあったと伝える「埴安《はにやす》の池《いけ》」も、その一つに挙げられるであろう。

『万葉集』には、「鴨君足人《かものきみたるひと》の香具山《かぐやま》の歌」には

「春《はる》に至《いた》れば　松風《まつかぜ》に　池波立《いけなみた》ちて……　百磯城《ももしき》の　大宮人《おおみやびと》の退《まか》り出《で》て　遊《あそ》ぶ船《ふね》に…」（巻三―二五七）

として、藤原宮に仕える宮人達が、埴安の池に舟をならべて遊覧を愉んだことを歌っている。

また、同じく『万葉集』の「藤原の宮の御井《みい》の歌」にも、持統女帝が

「埴安《はにやす》の　堤《つつみ》の上《うえ》に　在り立《た》たし」（巻一―五二）

て、地勢を御覧になられたと歌われている。

この埴安の池は、かっての藤原京の東にあった哭沢《なきさわ》神社（都多本《つたもと》神社）の東北部にひろがっていた池といわれている。

『古事記』によれば、伊邪那美《いざなみ》の命《みこと》が、火之迦具土神《ひのかぐつちのかみ》という火の神を生誕され、苦しみの余りそ屎《くそ》から波邇夜須毘古《はにやすひこ》と波邇夜須毘賣《はにやすひめ》を生れたと伝えている。

また『古事記』伊邪那美命《いざなみのみこと》が神避りました時、夫君の伊邪那岐命《いざなぎのみこと》が哭き悲しまれた泣が、哭澤の神社の由来となったという。

このように『古事記』などに伝えられた埴安の池もいつしか、その姿を消していくが、それでも物語がいくつか語り伝えられている。それに対し騰波《とば》の江《おうみ》についても常陸国風土記に、せめてもう少しロマンを載せてくれたらよかったとわたくしは思っている。

高市皇子が薨ぜられた柿本人麻呂の挽歌にも

埴安《はにやす》の池《いけ》の堤《つつみ》の隠沼《こもりぬ》の　行方《ゆへ》を知《し》らぬ　舎人《とねり》は惑《まど》ふ　（『万葉集』巻二―二〇一）

があるが、どうも埴安の池は、死の悲しみの物語に結びついているようである。

第二十話　物部氏《もののべし》の配置《はいち》

信太《しだ》郡は、現在の茨城県稲敷《いなしき》郡に当る。稲敷《いなしき》の名が示すように、霞ヶ浦の南岸の地帯には、秋になるとたわわに穂った稲穂が連なっている光景がひろがる。

ところで、『釈日本紀』巻十には、『常陸国風土記』の信太郡の冒頭部分が収録されているが、そこにはこの郡を新しく建てた人物を、土地の豪族、物部河内《もののべのかわち》と物部会津《もののべのあいづ》らであると記している。

大化改新に当り、新たに天皇に即《つ》れた孝徳天皇は、早速、惣領《そうりょう》、高向《たかむこ》の大夫《まえつぎみ》を東国に派遣された。癸丑《みずのとうし》の年、つまり白雉《はくち》《しらさぎ》四年（六五三）には、物部河内らは、この惣領に奏上して、筑波郡及び茨城郡から七百戸を割いて、信太郡を建郡したのである。

御存知のように大化の改新は、律令国家の基礎をつくるために、全国を、国《こく》《くに》・郡《ぐん》《こおり》・里《り》《さと》にわかち、中央の統一政権を志向していた。

特に、東国の統治には力を入れたと見て、大化二年（六四六）三月には、良家の太夫から選ばれた東国の国司《みこともち》に詔して、公平に政治を施行するように命ぜられている（『孝徳紀』大化二年条）。

東国が大化改新時に、重視されたのは、毛野《けぬ》氏をはじめ、有力な大豪族が蟠踞し、又、その北には、蝦夷が存在していたからである。

毛野の国（上野国《こうづけ》及び下野国《しもつけ》）つまり、現在の群馬県（上野国）と栃木県（下野国）に勢力をはっていた毛野氏が、朝廷にほぼ服属したのは、やっと六世紀の初めの安閑天皇の時代であった。

そのため、これらの毛野の東に接する常陸国は、早くから朝廷の勢力が強化され毛野への圧力を加えていたのである。

その事を証するように、常陸国の中央部に占める茨城郡《うばらぎぐん》、行方郡《なめかたぐん》、筑波郡《つくばぐん》などの郡司には、朝廷と縁りの深い壬生《みぶ》氏を配している。壬生部は、皇太子、とりわけ聖徳太子の家に与えられた部民である。

それとならんで信太郡は、物部民を郡司としているのである。

信太郡は、南の下総国に接し、常陸国に入国する重要な拠点をなしていたから、大化前代から、これらの地域に物部氏配下の豪族を置いていた。

実は、常陸国に接する下総国やそれに近い上総国には、物部を称する氏族は多かったようである。

例えば、『万葉集』の防人の歌には、上総国山辺郡の物部乎刀良《おとら》の

わが母《はは》の　袖持《そでも》ち撫《な》でて　わがからに　泣《な》きし心《こころ》を　忘《わす》らえぬかも　（巻二十─四三五六）

が載せられている。

この山辺郡は、現在の千葉県山武郡の一部に当る。因みに山武郡は、山辺郡と武射郡が併合された郡である。

下総国の匝瑳《そうさ》郡には、物部匝瑳連《もののべそうさのむらじ》（『日本後紀』の弘仁二年三月条）が郡司層であった。

しかも、物部匝瑳連足継《たるつぎ》は、陸奥、出羽の蝦夷《えみし》鎮圧の副将軍に任ぜられているのでいるが、承和元年（八三四）にも、物部匝瑳連熊猪《くまい》は鎮守府将軍に任ぜられているのである（『続日本後紀』承和元年五月条）

第二十一話　信太郡《しだぐん》の郷《ぐに》

下総国に、物部氏の一族が多かった事は『旧事本紀《くじほんき》』（天孫本紀）には、「物部山梨連公《やまなしむらじきみ》」があり、それは恐らく下総国千葉郡物部郷（千葉県四街道市物井附近）の物部であろう。

『旧事本紀』（天孫本紀）には、この外、物部印葉郡連公《ものべいんばのむらじきみ》が見えるが、それは印幡郡印幡郷（千葉県佐倉市酒々井附近）の物部であろう。

このように下総国の北部地域、つまり、常陸国に接する地域に、広く物部が配されていた。

常陸国の関門をなす信太郡に物部が配されたのは、朝廷が常陸国を東国統治の重要な要《かなめ》と見做していたことが窺えるのである。

ところで、信太郡は七百戸で建郡したと『風土記』に記しているが、これは必ずしも文飾ではなく、正確な史実にもとずくものと考えてよい。

なぜなら、信太郡は、大野《おおの》、高来《たかく》、小野《をの》、朝夷《あさひな》、高田《たかだ》、子方《こかた》、志万《しま》、中家《なかや》、嶋津《しまず》、信太《しだ》、乗浜《のりはま》、稲敷《いなしき》、河祢《かわね》、駅家《うまや》の十四郷より構成されている。（『和名抄』）

律令の規定では

「凡《およ》そ五十戸《ごじゅっこ》を似《も》って、里《り》と為《なせ》よ」（『戸令』）

とあるから、五十戸一里制が原則であった。

因みに霊亀元年（七一五）には、「里」は「郷」と改められているから、この十四郷は、まさに七百戸構成ということになる。

とすると『常陸国風土記』のこの部分は、かなり、正確な史実にもとづいていると考えてよいと思う。

信太郡に稲敷郷が含まれ、現在でも、この地を稲敷郡と称するように、古代から豊かな穀倉地帯であった。

因みに、「稲敷郷」は現在の竜ケ崎市《りゅうがさきし》の中北部あたりに比定されている。

ついでに、各郷の比定地をあげるとすれば、「大野郷《おおのごう》」は、稲敷市沼田《ぬまた》周辺であり、「高来郷《たかくごう》」は、稲敷郡の阿見町《あみまち》竹来《たかく》附近である。「小野郷《をのごう》」は新利根町小野《しんとねまちをの》を中心とする地域であり、「朝夷《あさひな》郷」は、新利根町《しんとねまち》西部から竜ケ崎市《りゅうがさきし》の東部の台地あたりである。

「高田郷」は稲敷市高田《たかだ》周辺であり、「子方郷《こがたごう》」は、阿見町《あみまち》東南部の君島《きみしま》附近という。

「志万郷《しまごう》」は牛久市《うしくし》東部から阿見町《あみまち》南部あたりである。「中家郷《なかやごう》」は、土浦市《つちうらし》の南西部、及びつくば市の吉瀬《きせ》、上《うえ》の室《むろ》、上広岡下広岡《かみひろおかしもひろおか》を含む一帯である。

「嶋津郷《しまずごう》」は、阿見町島津《あみまちしまず》を中心とした地域で、「阿彌《あみ》郷」は、阿見町《あみまち》の一帯である。

信太郷《しだごう》は、信太郡の郡家が置かれた所で、江戸崎町《えどさきまち》北東部から美浦《みほ》村を含む地域である。

これらの霞ケ浦の南岸を占め豊かな土地であったようである。

『風土記』の信太郡の飯名《いいな》の社《やしろ》の条には、この社は筑波山から勧請《かんじょう》された社というが、現在の竜ケ崎市八代《りゅうがさきしやしろ》の稲塚《いなずか》に比定されている。

その名前からしても判るように、穀霊神であったのだろう。

第二十二話　黒坂命《くろさかのみこと》

『常陸国風土記』逸文には、信太郡の地名の由来伝承を、次のように記している。

昔、黒坂命《くろさかひこ》が、陸奥《むつ》の蝦夷《えみし》を征討し、常陸の国に凱旋《がいせん》して来た。多歌《たか》（多珂《たか》）郡の角枯《つのかれ》の山に到達した時、黒坂命は、急に病にかかり、ここで亡ってしまった。そのため、角枯《つのかれ》という地名を、ひとびとは、黒前《くろさき》の山と改めた。

黒坂命の輸轜車《ひつぎのくるま》を、黒前の山より、日高見《ひたがみ》の国まではこんだが、葬具《はふりもの》の儀《よろほ》ひは、赤旗《あかはた》と青幡《あおはた》とか交雑《まじり》飄颺《ひるが》えり、それはあたかも雲《くも》のように飛び、虹が張ったかのように見え、野を瑩《て》らし路を耀《かが》やかしていた。

その有様を見たひとびとは、「赤幡《あかはた》の垂《しだ》りの国《くに》」と称したという。

そのため、後世では、この国を信太《しだ》の国《くに》と呼んだのだと伝えている。

この物語の主人公である黒坂命は、『常陸国風土記』の茨城郡の条に、山の佐伯《さえき》、野の佐伯を茨棘《うばら》の穴にとぢ込めて殲滅《せんめつ》した武将として登場している。

ここでも佐伯《さえき》、つまり蝦夷《えみし》の討伐の主人公として活躍している。

そして、この『風土記』では、「大臣《おおおみ》の族《やから》黒坂命《くろさかのみこと》」として登場しているから、「大臣《おおおみ》」の一族であったことは、明らかである。

だが、この大臣《おおおみ》は、大連《おおむらじ》に対する大臣《おおおみ》、つまりは大化前代の執政官である蘇我臣《そがおみ》、葛城臣《かつらぎ》、平群臣《へぐり》、紀臣《きのおみ》などの武内宿祢の後裔《こうえい》氏族とも考えられるが、『常陸国風土記』では、そうした曖昧な氏族系譜は余り見られないようである。

例えば、筑波郡の条には、

「采女臣《うねめのおみ》の友属《ともがら》、筑簞《つくば》の命《みこと》」

として、采女臣の一族として記している。

『新撰姓氏録』右京神別下では、采女朝臣は、石上朝臣《いそのかみあそん》の同祖とされ、かつての物部氏の一族とされている。

仮りに、大臣《おおおみ》、大連《おおむらじ》の制にならって記載すると物部氏は大伴氏とならんで大連《おおむらじ》に属すから、筑簞命も、「大連《おおむらじ》の友《とも》属《がら》」と書かれなければならないだろう。

とするとこの、大臣は、『古事記』の執筆者として有名な太安麻侶《おおのやすまろ》が属した「大臣《おおおみ》」、ではないだろうか。

『神武記』にも、神武天皇の御子、神八井耳命《かむやいみみのみこと》を意富臣《おふのみこと》や道奥《みちのおく》の石城《いわき》の国造常道《くにのみやつこひたち》（常陸）の仲国造《なかのくにのみやつこ》などの祖と記している。

意富臣は、太臣、多臣などと書かれるが、大和国十市《とほち》郡飯《お》（飫）富《う》郷《ごう》に本拠をおく豪族である。ここには、式内社、多坐《おうにます》弥《み》志《し》里《り》都《つ》比《ひ》古《こ》神社が祀られている。現在の奈良県磯城郡田原本町多《しきぐんたわらもとちょうおう》である。

第二十三話　黒前《くろさき》の山《やま》

黒坂命が死没したという多歌《たか》（多珂）郡の角枯《つのかれ》の山は、茨城県の日立市十王《じゅうおう》町の竪破山《たてわりやま》であろうといわれている。この山の南麓に、黒坂命の名に縁りのある黒坂とい地名が残されているからである。その山頂には、黒坂命を祀る黒前神社が存在している。

黒坂命が、この死で歿ったので角枯の山を黒前の山に改めたといわれているが、その理由は、必ずしも詳かではない。ただ、角枯れの名が忌まれたことだけは、考えてよいであろう。「枯《か》れ」は、生命力が枯れることだからである。また「カル」は「離《か》る」で、文字通り離れ去ることを意味する。『万葉集』にも

「朝《あさ》に日《け》に　見《み》まく欲《ほ》りする　その玉《たま》を　いかにすれかも　手《て》ゆ離《かれ》ざらむ　（巻三―四〇三大伴家持）

と歌われている。

角《つの》は、鹿の角の如き身を護る武器を象徴するものであるから、角枯れは武人としての生命力を失うことを示唆しているのだろう。

このように角枯れを黒前《くろさき》と改めたというが、角枯れが忌語《いむことば》であるのに対して、逆い黒前は祝福の意を含んだ言葉と解さなければならないだろう。

黒前の「サキ」は、或は、「咲《さ》く」の意で生命力の復活を意味するとも、考えられるからである。

或は、黒（玄）五行説では「冬」を象徴する色で死を意味するが、黒よりさきの色は、春の色の青色、夏の色の朱（赤）色である。

葬具の儀《よそおい》に赤旗《あかはた》と青幡《あおはた》をなびかせ「野《の》を瑩《て》らし、路《みち》を耀《かがや》かし」たというが、まさに黒坂命の生命の燦然たる復活のイメージを示唆しているのではないだろうか。

青丹《あをに》よし　寧楽《なら》の京師《みやこ》は咲《さ》く花《はな》の　にほふがごとく　今盛《いまさか》りなり（『萬葉集』巻三―三二八　小野老《をののおゆ》）

の青丹《あをに》は、青色と丹（赤）の色で、まさに奈良の朝の全盛を寿《ことほ》いでいる。青（緑）色の瓦と、丹色の柱に彩られた華麗な宮殿をそこにイメージしてもよいと思っている。

それは兎も角、青幡と赤旗を翩翻《てんぽん》と翻えさせるのは、黒坂命の復活の神事だったのではないだろうか。

時の人は、赤旗《あかはた》の垂《しだり》の国という意味で信太の地名が起ったと伝えるが、「シダリ」はまた「下降《したくだ》り」の意を含むものと考えている。

「垂」は「タル」とも訓まれるように、上から下に降《くだ》ることである。

垂水《たるみ》が滝であるように、上から下へ落ちることが「垂《た》る」である。天照大神《あまてるおおかみ》の「照《て》る」は、日光が天上から地上へ「垂《た》る」ことであった。

信太も、日高見《ひだかみ》の国から、信太に「下《した》る」ことを現した言葉から起ると考えてもよいのではあるまいか。

この日高見の国は、常陸国の北部の多珂（高）郡あたりであろうが、「信太」はそれに対して、「下《した》」であったとみなされていたのだろう。

第二十四話　甦生《さいせい》の玉《たま》

信太郡の豪族は先に触れたように物部の一族であったが、高来《たかく》の里の普都大神《ふつのおおかみ》も、恐らく物部が祀る神であろう。高来《たかく》の里《さと》は、現在の茨城県稲敷郡阿見町竹来《いなしきぐんあみたかく》である。『風土記』に普都大神《ふつのおおかみ》を祀る社《やしろ》というのは、現在の阿見町竹来の阿弥《あみ》神社に比定されている。

古老の言い伝えによれば、天地の始め、草木も言語《ことと》ひいし時、天より降《くだ》って来た神が、普都大神《ふつのおおかみ》であるという。この神は、国々を平定し、天に再び帰られる時、身につけられていた「厳《い》つ」の甲《よろい》、戈《ほこ》、楯《たて》、剣《つるぎ》、及び玉類をことごとに、この地にとどめて昇天されたというのである。

この神の御名を「普都《ふつ》の大神」と呼んでいるが、「普都《ふつ》」は、鎮魂《たまふり》の「フリ」で、降霊の意味であろう。「フツ」は、古代では、破邪の剣を振って、邪霊をプッと断ち切ることより起るといわれているが、わたくしは、むしろ、天より降臨することを、「フル」といったと考えている。

物部氏の本拠地に祀られ石上《いそのかみ》神社は、「布留《ふる》」の石上《いそのかみ》と称されていたことに、注目していただきたいのである。それと共に物部氏は、布留《ふる》の神より授けられたという霊剣「経津主《ふつぬぬし》」を奉持し、まつろわぬ者どもを征討していった軍事的氏族であった。

『古事記』の神話などでは、「経津主《ふつぬし》」は、人格化されて個有名詞化されているが、本来は破邪の剣そのものであった。

この経津主神は、常陸国では、香取大社《かとりたいしゃ》の祭神とされるが、古くはこの社は物部氏が斎き祀っていた社である。後に、物部氏の本宗が崇仏、排仏をめぐる政争で敗れ、更に大化改新後に、藤原氏が勢力をのばす過程で、香取神社の祭祀権は、次第に中臣（藤原）氏に移ってしまったのである。

それはさておき、高来の里の普都の大神がこの地にとどめた宝器が、武器類を主であったことに注目すれば、この神が武神であったことを、容易に想像されるであろう。

また武器とともに玉類を留めたとあるが、物部氏には、天よりさずかったという『瑞宝《ずいほう》十種』が伝えられ、その中に玉類も含まれていた。そのことと、関係を考えなければならないだろう。

十種の呪具は、鏡や比布《ひこ》と玉類などであるが、これをゆらりゆらりとふるえば、死者を生き返るという呪術の宝物であった。

このように、瑞宝十種は鎮魂、つまり「魂ふり」の霊力を有するものと考えられた。

実は、鎮魂は、古代から二つの訓みがなされていて、「タマフリ」または「タマシズメ」とも、訓まれていた。

恐らく、天より神を降霊せしめることが、「タマフリ」であり、その神の霊をこの世にとどめ鎮めることが、「タマシズメ」であったのであろう。

しかし、更に意味が派生して、生気を失つつある霊をゆすぶり、見覚めさすことも、「タマフリ」と呼ばれていくのである。

物部氏の瑞宝の十種には、生玉《いきたま》と足玉《たる》、道返玉《みちかえしのたま》の三つが含まれているが、道返玉は、黄泉《よみ》の国から、死者の魂を甦生せしめる玉と見做されていたのである。

第二十五話　碓井《うすい》

この信太郡の郡家の北、十里ばかりの地に、碓井《うすい》があったという。

この碓井は、「雄栗《おぐり》村に存り」といわれるように、郡家のある美浦村《みほむら》信太《しだ》の北、つまり美浦村《みほむら》大山《おおやま》附近の岡平《おかひら》の清泉であろう。

碓井とは、碓状にくり抜かれた泉のことである。

碓井の郷名は、『和名抄』には、筑前国嘉麻《かま》郡碓井郷にもあるが、現在の福岡県嘉穂郡《かほぐん》碓井町《うすいまち》臼井《うすい》附近である。この嘉穂郡は、現在でも、稲築町《いなつきまち》、頴田町《ひえだまち》、筑穂町《ちくほまち》、穂波町《ほなみまち》が存在し、稲作縁りの地名が少くない。

このうち、福岡県穂波郡の穂波町《ほなみまち》は、六世紀の初め、安閑《あんかん》天皇の御代に置れた穂波屯倉《ほなみのみやけ》の地であり、同じく、福岡県嘉麻郡稲築町鴨生は、鎌屯倉《かまのみやけ》が設けられたところである。（『安閑紀』元年五月条）

これらの事から推しても、信太郡の碓井も、豊かな農作地である朝廷領であったことを窺わせる。

この碓井に、昔、大足日子《おおたらひこ》の天皇《すめらみこと》（景行天皇）が行幸されたという。そして、浮島《うきしま》の帳《とばり》の宮《みや》を設けられた時、天皇に供する水が見なかったので、卜者をして占わしめ、この泉を新しく掘らせたものだと、古老が伝えている。

ここに登場される大足日子《おおたらひこ》の天皇《すめらみこと》という尊称は、大帯日古《おおたらひこ》と同じで、帯日《たらひ》は、つまり照日《てるひ》で、天照大神《あまてらすおおかみ》の直系の御子孫をあらわす天皇の御名である。「足《た》る」乃至「帯《た》る」は、照《てる》と同義である。

浮島《うきしま》は、現在の茨城県稲敷市の浮島である。今日では干拓され、陸続となっているが、昔は、霞ヶ浦のに浮かんでいた小さな島であった。

このように、海に囲まれた孤島であったから、その島は良質の水にとぼしかったのであろう。

そのため、卜者に占わせて泉を掘しめたのである。『景行紀』には、景行天皇（大足日子の天皇）が、肥後の国の葦北《あしきた》の小島《こじま》にお泊りになられた時、「嶋《しま》の中《なか》に水無《みずな》き」有様であったので、山部阿弭古《やまべあびこ》の先祖に当る小左《をひだり》に命じて、冷き水を求めさせたという。小左《をひだり》は、「仰《あお》ぎて天地《あまつかみ》、地祇《くにつかみ》に祈《の》みて」崖から水を湧き出させて、その水を天皇に供したというのである。そのため、この島を水嶋《みずしま》と呼ばれるようになったという。（『景行紀』十八年四月条）

これらはともに、景行天皇にまつわる泉の話であるが、恐らく阿弭古《あびこ》や主水戸《もひとりべ》の伝えた伝承であろう。

アビコは、「我孫子」などと表記されるが、饗彦《あえひこ》、つまり天皇に饗《みあ》えを供する役を司る者である。

現在でも常陸国の隣りには、千葉県我孫子市《あびこし》が存在する。ここは『和名抄』にいう下総国相馬《そうま》郡意《お》部《ふ》郷《ごう》であるが、下総の国府から常陸国の国府に至る駅路であった。その北辺は利根川の渡場が置れていたという。

このような関係から窺えば、或は、下総の饗彦と呼ばれる集団が、浮島の天皇の飲用水に関っていたとも考えられるのである。また、この地が早くから供御のための朝廷領が置かれていたことを証するものであったのかも知れないのである。

第二十六話　鳥取部《ととりべ》

この浮島については、次のような逸文がも伝えられていた。

それは『塵袋《ちりぶくろ》』第三には、景行天皇が、浮島に三十日間、滞在された時、賀久賀鳥《かくかどり》が美しい声でいつもさえずり、天皇の無聊《ぶりょう》のお気持を慰めていたという物語である。それによると、天皇はその鳥を伊賀理命《いがりのみこと》に命じて網で捕獲させた。

それによって伊賀理命《いがりのみこと》は、鳥取の姓を賜ったというのである。

鳥取部というのは、御存知のように、鵠《くぐい》（白鳥）など生きたままとらえて、天皇に献ずる部民である。

『垂仁紀』には、もの云わぬ誉津別《ほむつわけ》皇子のために、天湯河板挙《あまのかはたな》が出雲まで鵠を追いそれを獲えて、献上した話が伝えられているが、この天湯河板挙が鳥取部の管掌者に命ぜられたと記している（『垂仁紀』二十三年十月条）。

『古事記』では、天湯河板挙は、山辺《やまべ》の大鶙《おおかた》と名前が変っているが、彼は、大和から、木《き》の国《くに》（紀伊）、針間《はりま》（播磨）、稲葉《いなば》（因幡《いなば》）、旦波《たんば》（丹波）、近淡海《ちかつおおみ》（近江）、三野《みの》（美濃）、尾張《おわり》、科野《しなの》（信濃）、高志《こし》（越《こし》）を経て、和那美《わなみ》の水門《みなと》まで追いかけて、やっと鵠をとらえたと記している。

このような国々を長々と『古事記』にあげるのは、これらの国はすべてかつて鳥取部が置れていたからである。

例えば、現在の鳥取県は、古代の因幡国を含まれるが、この因幡国の邑美《おみ》郡には鳥取《ととり》郷がある。ここが云うまでもなく、現在に鳥取市にその名を伝えている。

因みに、『古事記』に、木の国、針間の国などと見なれぬ国の名をならべたのは、すべて、風土記進撰が命ぜられた和銅六年（七一三）以前の旧い国名であった。

鳥取部の献上する白鵠（白鳥）が、『出雲国造神賀詞《いずものくにのみやっこかむよごと》』に、「生御調《いきみつぎ》の玩物《ものあそびもの》」とあり、天皇がこの白鳥に直接手にふれ、なでられることによって、国魂《くにたま》を身につけると観念されていたからである。つまり、白鳥は土地の聖霊を運ぶ聖なる鳥と見做されていた。

ところで、『風土記』の物語に登場する賀久賀《かくか》鳥《ど》は、カクカと鳴くミサゴの鳥であろうといわれている。

この浮島に就いて、『風土記』の乗浜《のりはま》の里の浮島の村の記載によれば、この島は長さ二千歩、広さ四百歩の島で、十五軒の家がたちならび、田を七、八町耕作していたという。そのかたわら、ひとびとは塩を焼いて生業としていたというのである。

現在の霞ヶ浦は、水門で海水をしきって淡水化されてしまったが、『風土記』の時代に、「流海《ながれうみ》」と呼ばれるような入海であったから、この島で盛んに、製塩が営まれていたのである。

ただ面白いことにこの浮島は人間に比して、九つの社《やしろ》という多くの神社が置れていて、ひとびとは恐れ謹んでくらしていたという。恐らく、この九つの社は、流海の航海安全を祈る神々であろう。稲敷市には、古渡《ふっと》と呼ばれる地名があり、ここより船を出して対岸の行方郡に赴いたり、或は、鹿島の方に舟出していったから、この海上の鎮めの神々が海上の要衡の地に当る浮島の祀られていたのではないだろうか。

第二十七話　鹿の物語

信太郡《しだぐん》の、葦原《あしはら》に棲む鹿《しか》は、爛《くさ》れるような味《あじ》がする。それに較べると、山の宍《しし》は味が良いと、世間では伝えていたという。

ここでいう葦原は、葦が生い茂る原野をいうが、弥生時代頃から水田耕作がはじめられた時、この葦原が第一に水田化されていったことに注意さるべきであろう。

農地を新しく開墾するためには、大地を掘り返す鋭利な鉄製の農具や、土地を耕作するための牛などが必要であったが、弥生時代の段階では、それらを充分、取りそろえることが、難しかった。

そのため、比較的容易に切り開かれる低湿地の地が、早くから水田として開かれたのである。その時低湿地にはえる葦をなぎたおし、これを田下駄のようなものを用いて沈めて、緑肥とする。とりわけ、小高い山の谷間には、山より落ちる水がたまって、低湿地を形成することが少くなかったので、好んでひらかれていったようである。

そのようなことから、日本の美称の一つに、豊葦原水穂国《とよあしはらのみずほのくに》が生れたのである。

しかし、それでもまだ農耕の手が入らぬまま、残された葦原は、獣たちが好んで群生するところであった。このような葦原で、盛んに鹿などの狩猟が行われたのはいうまでもない。

当時のひとびとにとっては、それらの動物の肉が好んで食事に供せられたが、鹿は、特にその皮や角は、貴重品として珍重されて来た。鹿の角からは、釣り針などの色々な道具が作られたことは、御承知のことと思う。

また鹿は、古代のひとびとにとっては、極めて身近の獣として親しまれてきた。

『仁徳紀』には、仁徳天皇と、皇后（八田皇女《やたのひめみこ》）が、旧暦の七月の頃、毎夜、高台《たかどころ》で涼をとられた時、菟餓野《とがの》（大阪市北区兎我野町附近）より、鹿の鳴きねが聞えて来たという。

『書紀』には、「その声《こえ》、寥亮《さやか》にして悲《かな》し」（『仁徳紀』三十八年七月条）と記るされている。

ところが、月の終る頃、その鹿の鳴声が、急にとだえてしまった。どうしたのかと天皇は御心配になられていたが、猪名部《いなべ》（兵庫県尼崎市の猪名川周辺）の佐伯部《さえきべ》が牡鹿を献じたのである。毎夜、たのしみにされていた鹿が殺されてしまったのを御覧になられた天皇は、早速、佐伯部を、安芸の渟田《ぬた》に流されたと伝えている。

この渟田《ぬた》は、安芸国沼田郡沼田郷で、現在の広島県竹原《たけはら》市附近とされている。

それは兎も角として、当時、鹿が猪と共に狩猟の主なる対象となっていた事は、たとえば『雄略即位前紀』には、

雄略天皇が市辺押磐皇子《いちのべおしはのみこ》を

「近江《おおみ》の来田綿《きたわた》の蚊屋野《かやの》に、猪《ゐのしし》、鹿《しし》、多《さわ》に有《あ》り」

と誘い出され暗殺された話からも、窺うことが出来るであろう。因みに蚊屋野《かやの》は、現在の滋賀県愛知《あいち》郡秦荘《はたのしょう》町の蚊《かや》野《の》附近である。

『延喜式』民部下によれば常陸国から、鹿皮廿張、洗革《あらいかわ》一百張、鹿角十枚」が「交易雑物《きょうやくぞうもつ》」として中央に差出されている。

第二十八話　飯名《いいな》の神《かみ》

稲敷郷《いなしきごう》の西に、「飯名の社《いいなのやしろ》」が祀られていた。この飯名の神は、筑波山にある飯名社を、この地に勧請《かんじょう》したものと伝えている。

ところで、稲敷郷《いなしきごう》は、現在の茨城県竜ヶ崎市《りゅうがさきし》の中部や北部の地域を指すと考えられている。

恐らく、飯名の神の名と、この稲敷の地名は、極めて類縁であるから、飯名は、稲敷の「稲」と無関係ではないだろう。

飯名の神は、筑波山から勧請された神とあるが、筑波山における飯名の神のもとの神社は、筑波山神社の摂社の稲《いな》村《むら》神社であろうといわれている。

筑波山の神がこのように信太郡の地に勧請されるというのは、筑波の神を祭祀する筑波の豪族の勢力が、この地に及んでいたことを示唆するものはないだろうか。

竜ヶ崎の地名が物語るように、かっては流海に突き出ていた崎《みさき》の地であったようである。

しかもこの台地の下には、小貝川《こかいがわ》が流れていたから、交通上でも重要な拠点になっていたと考えてよい。

この近くの牛久《うしく》も、筑波の神が、「領《うしは》く」（『万葉集』巻九―一七五九）地ではなかったかと、わたくしは、秘かに考えている。

また、竜ヶ崎市には、八代《やしろ》の地名をとどめているが、この八代は「社《やしろ》」の意と見做してよいと思っている。

なぜならば、八代は、「屋代」とも表記されるが、『出雲国風土記』には、意宇郡屋代郷《のうぐんやしろごう》について、天降りし神が、「吾《あ》が静《しづ》まり坐《ま》さむと志《おも》う社《やしろ》」と記るされているからである。

また。伯耆国《ほうきのくに》久米郡《くめぐん》八代郷《やしろごう》は、現在の鳥取県倉吉市《くらよし》の旧社《やしろ》村である。因みに、ここにはかつて伯耆の国府が置かれ、国府裏神社が祀られていた処である。

陸奥国会津《あいづ》郡八代郷は、現在の福島県の会津高田町に当るが、ここには式内社、伊佐須美《いさすみ》神社が祀られている。

それは兎も角として飯名の神はその名が示す如く、「稲」の神、すなわち穀霊神を祀る社であろう。恐らく稲敷の地名もまた、一面に稲の穂が敷ならべられているような穀倉地帯から名付けられた地名であろう。

『欽明紀』は

「聖王《せいおう》、妙《たへ》に、天道地理《あまのみちのことわり》を達《さと》いて、名《な》、四表八方《よもやも》に　流《し》けり」　（『欽明紀』十六年二月条）

と見えるが、この「流《し》けり」、つまり「敷り」は、むらなく行きわたる意である。

また『万葉集』には

「天皇《ひめろぎ》の之伎《しき》ます国《くに》の天《あま》が下《した》」　（巻十八—四一二二）

と歌われるように、「シク」は、「治め」、「領する」意とされている。

これらから推せば、飯名の神が領有される地域が、稲敷郷であったこととも解される。

因みに、竜ケ崎市八代には、稲塚《いなづか》と呼ばれるところがあるが、俗人は、これを筑波山と称して小詞を祀っていたという。『風土記』には、筑波を、「握飯筑波《にぎりいひつくば》の国《くに》」と称したとあるが、筑波は、「飯」の文字と極めて大変関係が深かったようである。

第二十九話　手向《たむ》け

信太郡《しだくん》には、かつて「榎《え》の浦《うら》」と呼ばれる港が設けられていた。

榎の浦は、稲敷市羽賀《はが》や下君山《しもきみやま》に比定されているが、「駅家《うまや》を置《お》けり」と記るされるように、常陸路の最初の駅家でもあった。

律令の規定では、駅《えき》は三十里毎に置かれ、駅には、駅長《えきちょう》、駅子《えきし》が配され、駅馬の管理していた。

大路《たいろ》、即ち山陽道（都から大宰府まで）には、駅毎に二十匹の駅馬が用意され、中路（東海道、東山道）には十匹、小路（北陸道、山陰道、西海道）には、五匹が置れる規定であった（『厩牧令《きゅうもくりょう》』）。

だが、『延喜式』巻二十八兵部省には、既に、信太の駅家は見あたらないが、それに代わって榛谷《はりや》の駅があげられているが、一説にはこれを信太の駅と見做す考えも出されている。その当否は別として、「信太の馬牧《うまのまき》」が置れていたことは、事実である。

律令時代では、官符を持参した官人が駅に到着すると、その身分に応じて、官馬が給されて、次の駅まではこぶことになっていた。

ただ榎の浦は、駅馬と共に流海を渡る船も用意されていた。

それは兎も角としても榎の浦《えのきのうら》が、常陸国の玄関口に当っていたから、官人達は、

「初《はじ》めて国《くに》に臨《い》らんには、先《ま》ず口《くち》と手《て》を洗《あら》い、東《ひがし》に面《む》きて、香島《かしま》の大神《おおかみ》を拝《をろが》みて、然《しか》して後《のち》に入《い》ることを得《う》る」

と記るされている。地図を御覧になるとお判りになるように、榎の浦からほぼ東方に鹿島神社は位置している。

鹿島の神は、時の権力者、藤原氏の斎《いつ》く神の筆頭にあげられる神であったから、『風土記』を書いて献上することを命じた藤原不比等の時代つまり、奈良時代においては、少くとも鹿島の神は、官人達にとっては偉大な権威を持って臨んでいた神であった。

それは別としても、古代ではいづれの場合でも、他国に入る際、必ず、「手向《たむ》け」の儀式を行うのがならわしがあった。自分たちの生活の場から離れて、異郷に入ることは、古代のひとびとにとっては極めて不安であり怖しいことであった。なぜなら、自分をいつも守護してくれる神の領域から離れて、異国の神が支配する領域に入るからである。そのため、他境の入口で、先ず、丁寧に、その地域の神々を祀《まつ》り、異郷に入ることの了解をうけなければならなかったのである。

夏目漱石の「坊ちゃん」の中で、お清が江戸ッ子の坊ちゃんに、箱根の山の向うに鬼が住むといって心配したという話がかたられているが、まだ、異郷は恐しいという観念が明治のはじめまで生きつづけていたことを物語っている。箱根はいうまでもなく関東の境の地と意識されていたからである。

常陸の場合も、入国に当って、口を手を清めて、その国の最高神を遙拝するのも、「手向《たむ》け」の儀礼の一種であろう。

『万葉集』にも

「礪波山《となみやま》　手向《たむけ》の神《かみ》に　幣奉《ぬさまつ》り　我《あ》が乞《こ》ひ祈《の》まく」　（巻十七—四〇〇八）

と歌われているが、この手向の神も、越中の国から、越前に赴く境の神で安全を祈る手向の神であった。

「このたびは幣もとりあえず」と菅原道真が歌う有名な歌も、手向山であったことを想起していただきたいのである。

第三十話　製塩《せいえん》の話《はなし》

信太郡には、乗浜《のりはま》と呼ばれる里《さと》があった。

この乗浜《のりはま》は、倭武の天皇《やまとたけるすめらみこと》がこの地に行幸され、「浜浦《はま》の上《うえ》に多《さね》に海苔《のり》乾《ほ》す」様子を御覧になって、「能理波麻《のりはま》」の村と名付けられたと伝えられている。

乗浜《のりはま》は、茨城県稲敷市の旧桜川村《さくらがわむら》を中心とする地域の浜である。ここは、古代の　榎浦流海《えのきうらながれうみ》と信太流海《しだのながれうみ》に面した海浜であった。

『和名抄』に「海苔」について

「紫菜《しさい》・・・和名《わみょう》、無良佐木乃理《むらさきのり》。里俗《りぞく》に紫苔《むらさきのり》を用《もち》う」

と註されている。

その乗浜の東に、浮島《うきしま》の村があったと『風土記』では伝えられている。この島は、先述の如く、長さ二千歩、広さ四百歩という面積の少さい島であった。

浮島の四方は、当然ながら海で囲まれていたが、山と野が錯綜している地形をなしていたと記るされている。それでもこの島に住む戸数は十五を数え、田圃も、七、八町ばかり存在していたという。

一町は十反であるから、一戸平均は、わずか五反という計算になる。

一戸の戸口には、必ずしも一定していないが、これでは一戸のひとびとに充分主食となる米が供給できないから、彼等は農耕のかたわらに、「塩《しお》を火《や》いて業《なりわい》」としていていたのであろう。

『万葉集』にも

「朝凪《あさなぎ》に　玉藻《たまも》刈《か》りつつ　夕凪《ゆうなぎ》に　藻塩《もしほ》焼《や》きつつ　海未通女《あまをとめ》」（巻六—九三五）（笠　金村）

と玉藻刈る塩焼きの未通女《をとめ》のことが歌われている。

『延喜式』（主計上）によれば、伊勢国、尾張国（生道《いくじ》の塩）、参河、若狭、備前、備中、備後、安芸、周防、淡路、讃岐（熬塩《いりしお》）、伊予、筑前、肥前、肥後（破塩《わりしお》）、薩摩の諸国から、それぞれ調庸物として塩が差出されていていた。

備前国の大伯《おおく》の海《うみ》は、天武天皇の皇女大伯皇女《おおくのひめこ》が生誕された土地として有名な処であったが（『斉明紀』七年正月条）、この地は、正式に「備前国邑久《おく》郡新羅邑久浦《しらぎおくのうら》」（『続紀』天平十五年五月条）とも呼ばれていた。現在の岡山県邑久《おく》郡《ぐん》牛窓《うしまど》町の牛窓湾に当るが、この海岸一帯は、古代の製塩の地としても著名な処であった。この地から、師楽式土器《しらくしきどき》と呼ばれる製塩土器が多く出土するが、この師楽《しらく》は、古代の地名、「新羅邑久の浦《しらぎおおくのうら》」の新羅が訛ったものである。

『古今和歌集』には、在原業平《ありはらのなりひら》の兄である在原行平《ありはらゆきひら》は、「津《つ》の国《くに》の須磨《すま》に退居した時、」

わくらばに　問《と》ふ人《ひと》あらば　須磨《すま》の浦《うら》に　もしほたれつつ　侘《わ》ぶとこたへよ　（巻十八、雑歌下）

という歌を詠じたという。

この「もしほたれ」るとは、「藻潮垂れ」の意で、塩を採るため、海水を藻にかけることである。右の歌は、涙を流す意も含んでいるが、それ程、製塩はなまやさしいものではなかったようである。

第三十一話　佐伯《さえき》―化外《けがい》の民《たみ》―

茨城郡《うばらぎ》は、古代では、「イバラキ」ではなく、「ウバラキ」と訓んでいたようである。

『万葉集』に「茨」は

「枳《からたち》の　棘原《うばら》刈《か》り除《の》け　倉立《くらた》てむ」（巻十六―三八三二）

と歌われているからである。

『新撰字鏡』《しんせんじきょう》という古代の辞書にも「茨」を、「宇波良《うばら》」の訓を伝えている。

ただ、平安時代に入ると『伊勢物語』に「むばらからたちにかかりて」（六三段）と見えるように、「むばら」と呼んでいたようである。

『和名抄』にも「牟波良岐《むばらき》」と記しているが、奈良朝では「ウバラキ」ないし、「ムバラキ」と訓んでいたのであろう。

この「茨城」の地名由来伝承は、古老によって、次のように語られているのである。

昔、この地方に、山《やま》の佐伯《さえき》、野《の》の佐伯《さえき》と呼ばれるまつろわぬ人たちが住んでいた。彼等はまた、クズ（国樔）とか、「ツチグモ」（土蜘蛛）、或は（ヤツカハギ」（八握脛）名でも呼ばれていたという。

佐伯は、一般には、日本の東北地方に住み、長い間朝廷の支配下に入らなかった蝦夷《えみし》のことを指すようである。しかし、正確にいうならば、その蝦夷が朝廷の討伐をうけ、服属し、大伴氏の配下に組込れたものが「佐伯」の名で呼ばれているのである。より正確には彼等は、「佐伯部《さへきべ》」である。

またその服属した蝦夷を統率した大伴氏の一族は、佐伯氏と称している。たとえば讃岐《さぬき》の佐伯氏から、真言密教の空海が出ているが、空海の祖先はいうまでもなく、大伴氏の流れで佐伯の支配者である。『新撰姓氏録』「右京皇別下」の佐伯直《さえきのあたい》の条にも、俘虜となった蝦夷を、針間《はりま》（播磨）、阿芸《あき》（安芸）、讃岐《さぬき》、伊予《いよ》などの四ヶ国に分置したと記している。

ところで「国樔」であるが、「神武即位前紀」に、神武天皇が熊野から吉野に向う途中、磐石《いわお》を排しわけて出てきた人物を、吉野の国樔《くず》部の祖としている。『応神紀』には、応神天皇が吉野に行幸された時、国樔《くず》が醴酒《こざけ》を献じたとあるが、彼等は、常々、土《とち》の菓《このみ》を食い、蝦蟆《かえる》を上味をする山人であったと伝えている。

土蜘蛛《つちぐも》も山野で住す部族で、恐らく岩穴などに隠れていて、急にひとびとを襲うさまから、土蜘蛛と名告けられたのであろう。

『豊後国風土記』速見郡《はやみぐん》の条には、

「この山《やま》に大《おお》きなる岩窟《いわや》あり…土蜘蛛《つちぐも》二人《ふたり》住《す》めり」

と記している。

最後の八掬脛《やつかはぎ》であるが、『越後国風土記』の逸文に「八掬脛《やつかはぎ》　其の脛《はぎ》の長さ八掬《やつか》、力多《ちからおお》く太《はなは》だ強《つよ》し。是《これ》は土雲《つちぐも》の後《あと》なり」と注されている。ここでいう、「脛《つか》」は拳《こぶし》を握った長さであるが、八脛の「八」は古代では数の多いことを意味するから、長髄彦《なかすねひこ》に類する化外の民をいうのであろう。

『常陸国風土記』では、佐伯を国樔などと同じとするが、これらはすべて「化外《けがい》の民《たみ》」、つまり王化に浴さぬひとびとを指している。

第三十二話　建許呂《たけころ》の命《みこと》の子《こ》たち

さて、山の「佐伯《さえき》」、野の「佐伯《さえき》」は、「土窟《つちむろ》にすみ、人来《ひときた》れば窟《むろ》にかくれ、人去《ひとさ》れば窟《いわや》から出《いで》て遊《あそ》ぶ」と記るされるが、一方、彼等は、「狼《おおかみ》の性《さが》、梟《ふくろう》の情《こころ》」とされ、ひとびとから財を掠《かす》め盗み、一般の農耕民と、一切融和しようとしなかったと記るされている。

それらのことから、わたくしは、「佐伯」の原義は、遮《さえ》ぐ（塞《さえ》ぐ）ではないかと、考えている。つまり、王化を塞《さえ》ぎ、服属を拒否する部族で、岩窟や柵《き》に籠って抵抗をつづけたまつろわぬ人々の意である。そのため、「サエキ」の民と呼ばれたのではないかと思っている。

そこで、朝廷軍を率いて、佐伯討伐に出かけた黒坂命《くろさかのみこと》は、次のような戦術を考え出した。それは佐伯が好む音楽で彼等を窟から誘い出し、そのすきに、すべての穴の入口に茨蕀《うばら》を並べる奇策であった。穴に逃げ込まないようにした上で、佐伯をことごとく殲滅しようとしたのである。

この黒坂命の功績を記念して、この土地の名を「茨城」と名付けたというのである。

この地域が、大和の朝廷の領域に含まれると、早速、この地を治めるために強力な国造《くにのみやつこ》が特にえらばれて置れたが、その初祖は、多祁許呂命《たけころのみこと》であったという。

彼は、神功皇后に仕え、次の応神天皇の誕生される頃まで、在生した人物であったと伝えられている。

『風土記』には、彼には、八人の子があり、中の男子の筑波使主《つくばのおみ》は、茨城郡の湯坐部《ゆえべ》の初祖であると注記している。

『国造本紀』を見ていくと

「師長国造《しながのこくぞう》

茨城国造《うばらきのこくぞう》の祖《おや》、建許呂命《たけころのみこと》の児《こ》、宮富鷲意弥命《みやとみわしおみのみこと》を国造《こくぞう》に定《さだ》め賜《たま》う」

「須恵《すえ》の国造《こくぞう》

茨城国造《うばらきのこくぞう》の祖建許呂命《おやたけころのみこと》の児《こ》、大布日意弥命《おおふひおみのみこと》を国造《こくぞう》に定《さだ》め賜《たま》う」

として、師長と須恵の国造は、建許呂命の子であると記している。

師長は、『和名抄』にいう相模国余綾郡《さがみのくによろきぐん》磯長郷である。小田原市の隣接する二見《ふたみ》町や国府津《こうず》市附近に比定されている。

須恵《すえ》は、上総国周准郡で、現在の千葉県君津《きみつ》市に比定されている。この郡は、藤瀦《ふじまた》駅が置れるように交通の要衝の地であった。

更に、上総国の馬来田《まくだ》の国造も

「茨城国造の祖、建許呂命《たけころのみこと》の児《こ》、深河意弥命《ふかがわおみのみこと》、国造《こくぞう》に定《さだ》め賜《たま》う」

とあり、馬来田国造も、建許路命の児であるとしている。

馬来田は、後に望陀《もうだ》郡と改められているが、現在の千葉県の木更津市の小櫃川《こびつがわ》下流域を占め、東京湾に面した要衝の地である。

わたくしは、特に、周准郡には、湯坐郷《ゆえごう》が含まれていることは注目したいのである。湯坐郷は、千葉県君津《きみつ》市の上湯江《かみゆえ》、下湯江《しもゆえ》附近であろうが、『常陸国風土記』にも、多祁許呂命《たけことのみこと》の中男を、湯坐連の祖としているからである。

湯坐《ゆえ》は、本来、皇子たちの産湯《うぶゆ》に奉仕する部民であるが、皇子たちが成長されると、その資養に務めた部民であった。そして後には、壬生部《みふべ》（乳部）に編せられていったのである。

第三十三話　水潜《みづくく》る

『常陸国風土記』では、茨城《うばらき》を、例によって「風俗《くにぶり》の諺《ことわざ》」では、「水泳《みずくぐ》る茨城《うばらき》」と呼んでいる。一般には「水潜《みづくぐ》る」は「ウ」、つまり鵜《う》にかかる枕詞であるという。それより「ウバラキ」の枕詞となったのであろう。

だが、「水潜《みづくぐ》る」ということは、古代のひとびとの観念からすれば、宗教的な意味合いの強い言葉であったと解すべきであろう。

『神代紀』には、黄泉《よみ》の国から逃げ帰られた伊奘諾尊《いざなぎのみこと》は、日向《ひうが》の小戸《おど》の橘《たちばな》の檍原《あはきはら》で禊《みそ》ぎをなされたが、その時、中瀬《なかつせ》まで潜《つぐ》られたという。つまり、水潜《みづくぐ》るとは、いわゆる禊《みそぎ》に他ならないのである。

また、『崇神紀』には、

玉萎鎮石《たまもしづし》、出雲《いづも》の人《ひと》の祭《いのりまつ》る。真種《またね》の甘美鏡《うましかがみ》……山河《やまかわ》の水泳《みくく》る御魂《みたま》」

として、出雲の神鏡を〝水泳る御魂〟と讃美している。

これは、出雲のひとびとが斎《いつ》き祭る本物の御鏡《みかがみ》を、この聖なる川の水草の流れが浄めているという意味であろう。

古代のひとびとは、常世の国から打ち寄せる海の水や、神山から流れる聖なる川に身を潜ぐらすと、穢れをとり、聖なるものに、再生すると信じていたのである。

『万葉集』にも

水潜《みづくぐ》る　玉《たま》にまじれる　磯貝《いそがい》の　片恋《かたこひ》のみに　年《とし》は経《ふ》れつつ　（巻十一―二七九六）

と、「水潜《みづくく》る玉《たま》」と詠じている。

『風土記』によれば、信筑川《しづくがわ》が茨城の地に流れ、「源《みなもと》は筑波《つくば》の山《やま》より出《い》で、西《にし》より東《ひがし》に流《なが》れ、郡《こほり》の中《なか》を経歴《へめぐ》いて、高《たか》浜《はま》の海《うみ》に入《い》る」と記るされているが、この信筑川は、雫川《しづくがわ》とも表記されている。「しずく」は「雫」の意であろうが、ここでは「潜《し》づく」の意にも解すべきだと考えている。

『万葉集』に

吾《あ》を待《ま》つと　君《きみ》が濡《ぬ》れけむ　あしびきの　山《やま》の雫《しづく》に　成《な》らましものを　（巻二―一〇八、石川郎女《いしかわのいらつめ》）

と、恋歌に「雫」と歌っているが、茨城のの信筑の川は、「沈《し》づく」が原義ではなかろうかと、わたくしは想像している。

奈良朝の終り頃、光仁天皇が即位される以前の童謡《わざうた》に

「桜井《さくらい》に、白壁《しらたま》の　潜《し》づくや　好《よ》き璧《たま》の潜《し》づくや」　（『続日本紀』即位前紀）

と歌われていたという。

因みに、この桜井は、奈良県の明日香村《あすかむら》の豊浦《とゆら》近くの桜井《さくらい》である。右の童謡に見える「潜《し》づく」とは、「龍潜《りょうせん》」（『続日本紀』）の意である。「龍潜《りょうせん》」とは天子が未だ即位されざる時をいう言葉である。茨城の地に流れる信筑《しづく》川は神山と仰がれていた筑波山から流れる川であった。ひとびとは、祭祀に当ってこの聖なる水に身を潜《し》づくことが行われたのではなかったろうか。

この地方の豪族が「壬生《みぶ》」を名乗るようになるが、この壬生の前身が「湯坐《ゆえ》」であったことを想えば、「潜《しづ》く」とは無縁ではなかったといってもよいであろう。

なぜならば湯坐は、生誕された皇子を産湯に潜づかせ、聖なる皇子に生誕させることを司っていたからである。

第三十四話　壬生部《みぶべ》

更に、『国造本紀』を繙いていくと更に、

「道奥菊多国造《みちのおくきくたのこくぞう》　建許呂命《たけころのみこと》の児、屋主乃祢《やぬしのね》を国造《こくぞう》に定め《さだめ》賜う《たま》」

とか、或は

「道口の岐閇国造《みちのくちきへのこくぞう》、建許呂命《たけころのみこと》の児《こ》、宇佐比乃祢《うさひのね》を国造《こくぞう》に定め《さだ》賜う《たま》」

と記るされている。

菊多《きくた》は、陸奥国菊多郡《きくたぐん》であるが、もとは常陸国に属しており、常陸の北部に位置した郡であった。養老二年（七一八）五月に、常陸国から菊多郡は割れて、陸奥国に編入されたのである。（『続日本紀』）現在のいわき市の南部で、この境には有名な勿来《なこそ》の関《せき》と呼ばれた菊多剗《きくたのせき》が置れていた。

道口《みちのくち》の岐閇《きへ》は、『常陸国風土記』多珂郡の条に

「久慈《くいじ》の堺《さかい》の助川《すけがわ》を似《も》ちて道前と為《な》し、…今も猶《なお》、道前の里《みちのくのさと》と称う《い》」

とある道口（道前）の里に当るのであろう。現在の日立市小木津町《おぎつまち》などに比定されている処である。道口は文字通り、多珂郡《たがぐん》の入口を扼する地域を指す地名である。

その他、『国造本紀』には、石背《いわせ》と石城《いわき》の国造の祖を、同じく建許呂命《たけころのみこと》の子としているので、師長《しなが》、須恵《すえ》、馬来田《うまきだ》、道後菊田《みちのしりきくた》、道口岐閇《みちのくちきへ》、石背《いわせ》、石城《いわしろ》の七国造の祖は、建許呂命の子が国造の祖とされていたことになる。

これに、『風土記』にいう「筑波《つくば》の使主《おみ》」を加えれば、八人の息子は、一応計算上、すべて揃うことになるのである。

また、注目したい点は、これらのすべての地域が、交通や軍事上の要衝地を占めていることである。

勿論、これらは『国造本紀』にもとずくもので、史実性に当然ながら、多少の、疑問は残るが、それにしても、これ程多くの国造の祖が建許呂命の子に結びつけられて語られているのは、建許路命の勢力は極めて強力であり、広きにわたっていたという伝承が古くから伝えられていたからであろう。

御存知のように、茨城の国造の祖先を被葬者と伝える舟塚山《ふなづかやま》古墳は、全長百八十メートルの規模を誇る巨大古墳である。

関東地方では、群馬県太田市の天神山《てんじんやま》古墳についで第二の規模を誇る古墳といわれている。

このことからも、茨城の豪族の強大な権力は想像されるが、それにも拘らず比較的早くから朝廷の勢力の傘下に入っていた。恐らく、毛野氏とはり合うために、朝廷の勢力と結びつき、それを後盾としていたのであろう。

『常陸国風土記』行方郡の条には、茨城国造、小乙下《しょうおつのしも》壬生連麻呂《みぶのむらじまろ》とあって、茨城国造の壬生連《みぶのむらじ》と称していた。同じ壬生でも、那珂の国造は、大建《だいけん》壬生直《みぶのあたい》と称し、一ランクが下であったようである。(『天智紀』三年二月条)

恐らく、行方郡の国造は、茨城の国造の分族であったのであろう。

「壬生部」は推古十五年(六〇七)二月に、始めて置れたが、これは端的にいえば、皇太子、聖徳太子家に与えられた部民であったと、わたくしは考えている。

『皇極紀』には、蘇我入鹿《そがのいるか》が勝手に「上宮《かむつみや》の乳部《みぶ》(壬生部)」を使役し、上宮(聖徳太子家)の大娘姫王《おおいらつめのみこ》が激怒されたと見えることからも、乳部は聖徳太子家に伝領されていたことが窺えるのである(『皇極紀元年是歳条』)。

とすると、聖徳太子家の東国の有力な壬生部を管掌していた大豪族が茨城の国造であったと見てよいであろう。

第三十五話　風土記《ふどき》の執筆《しっぴつ》の時期《じき》

　信筑川《しづくがわ》を「潜《し》づくの川」の意と解して来たが、後には、恋瀬川《こいせがわ》と呼ばれたことも大変わたくしは、心ひかれるものがある。一説には、この川は碁石《ごいし》の産地であるので「こいし」と訛ったというが、わたくしは新治郡千代田町には上《かみ》志筑《しづく》や下志筑《しもしづく》の地名が残り、「雫《しづく》」の文字が当てられているから、恋の涙の雫から恋背《こひせ》が連想されたのではないだろうかと思っている。

『萬葉集』にも、「筑波山に登る歌」として、

「草枕《くさまくら》　旅の憂《うれ》ひを　慰《なぐ》もる　事《こと》もありやと　筑波嶺《つくばね》に登《のぼ》りて見《み》れば　尾花《をばな》ちる　師付《しづく》の田井《たゐ》に　雁《かり》がねも　寒《さむ》く来鳴《きな》きぬ」　（巻九―一七五七）

として、師付《しづく》の田井《たゐ》が歌われている。

　この信筑《しづく》の川の河口部は、高浜《たかはま》（石岡市高浜町）である。

　ここには「芳菲《はな》の嘉辰《ほる》、揺落《もみじ》の涼候《あき》」に社郎《むらのをとこ》、漁嬢《あまをとめ》が輻湊《あつま》ると記している。

このような、難しい漢字を四字、六字で対句を綴る文体を、四六駢儷体《しろくべんれいたい》と称している。

奈良時代の文人たちが、専ら文章のモデルと仰いだのは、中国、南北朝時代の『文選《もんぜん》』であったが、この『文選』の文章のスタイルは、華麗なる四六駢儷体であった。

　四六駢儷体で満ちあふれる『常陸国風土記』の執筆を担当した人物は、文人官僚として有名な石川朝臣難波麻呂《いしかわあそんなにわまろ》や、

藤原宇合《ふじわらのうまかい》であろうと、一般には推察されている。

わたくしは、このうち、特に藤原宇合《ふじわらのうまかい》が、主として風土記の執筆や進撰に関っていたと想像しているのである。なぜなら、第一に、宇合は、『風土記』を差出すことを、全国に命じた右大臣藤原不比等《ふじわらふひと》の息子であったからである。宇合は不比等の四人の兄弟のなかで、最も文芸の道にすぐれていた人物である。霊亀二年（七一六）には、遣唐副使として、唐にわたり、彼は本場の漢文学の教養を身につけて帰って来た人物である。

『文選』を最高のモデルと仰ぐ日本最初の漢詩集である『懐風藻《かいふうそう》』に最も多くの詩を採録されているのも、宇合であった。

これらのことから考えて、執筆者の第一の候補者は、宇合と考えてよい。

また『風土記』には、明らかに「郷」と「里」が併記されるが、これは、霊亀元年（七一五）に、五十戸一里の制度を五十戸一郷制に改められ、その下に三里の里《こざと》を置くことになった時代に執筆されたことを物語っている。因み、に二十五年後の天平十二年（七四〇）には、「郷」「里」は廃止され郷制になっているから、『風土記』の成立は、少くとも霊亀以後、天平十二年の間であることが一応考えれるのである。

しかし、養老三年（七一九）七月に藤原宇合は常陸守として赴任している。そして、養老五年（七二一）正月には、宇合は正四位下を授けられているから、その頃には、常陸守を辞し、中央の官に就いていると考えてよい。彼は正四位の相当官である。式部卿に任ぜられたのであろう。

とすると、宇合の常陸守の時代養老三年七月以後、養老五年正月以前が執筆の時期として考えられるのである。養老四年（七二〇）八月に、父不比等が薨じているがその生前に間に合せるため、執筆は急がれたのではないだろうか。

第三十六話　高浜《たかはま》の海《うみ》

高浜《たかはま》の海《うみ》に就いて

「芳菲《はな》の嘉辰《とき》、揺落《もみじ》の涼候《あき》、駕《のりもの》を命《おほ》せて、向《むか》ひ、舟《ふね》に乗《の》りて遊《あそ》ぶ」

と『風土記』の執筆者は、いわゆる四六騈儷体《しろくべんれい》の文章を綴っている。

「芳菲《ほうひ》」は、「花の香のよきにほい」の意だが、具体的にはそのような花の咲き匂う春を指す。「揺落《ようらく》」も揺り落すことで、秋風がやがて木々の葉を揺り落す「秋」のことである。「嘉辰《かしん》」は「よき時」であり、「涼候」は気候が涼しさを増す頃である。

国府から、役人達は、駕に乗り、或は信筑川《しづくがわ》を舟で下って、高浜に赴いたのである。

春には浦の花は、千々《ちぢ》に彩《いろど》り、秋《あき》は、岸《きし》の葉百《もみじば》が色《いろ》づき。鶯《うぐいす》の鳴《な》き声《こえ》を野《の》に聞《き》き、儛《ま》へる鶴《たづ》を浮洲《うきす》のみぎわに見《み》る。

村の男と漁村の女は、あとからあとからこの浜に集ってくるし、商豎《あきんど》と農夫《のうふ》とは、艀艖《こぶね》に棹《さお》さして、この高浜にかよって来るというのである。

鶴《つる》《たず》は、現在では、ほとんど目にすることはないが、万葉の時代は身近かな鳥であったようである。

鶴《たづ》が音《ね》の　聞《きこ》ゆる田井《たゐ》に　廬《いほり》して　われ旅《たび》なりと　妹《いも》に告《つ》げこそ（巻十一ー二三五〇）

鶴《たづ》が鳴《なき》　芦辺《あしべ》をさして　飛《と》び渡《わた》る　あなたづたづし　独《ひとり》さ　宿《ぬ》れば（巻十五ー三六二六）

因みに、商豎《しょうじゅ》は、商人の召し使や、しもべの意である。ここでは未婚の若い商人をいうのであろう。「艀艖《ふさ》」は小舟である。因みに、船の大きい者を舸《か》といい、短く小さなものを艀《ふ》というと注されている。

社郎《しゃろう》は、社人と同じて、村里の人を指す。

特に、「三夏《かんか》の熱《あつ》き朝《あした》、九陽《きゅうよう》の蒸《む》す夕《ゆうべ》」には、多くの人たちが海辺に集って、涼を求めたというのである。

ここにいう、三夏とは、孟夏《もうか》《はじめのなつ》（四月）、仲夏《ちゅうか》《なかのなつ》（五月）、季夏《きか》《すえのなつ》（六月）の三ヶ月の夏を指す。

旧暦では　一月、二月、三月を春とし、四月、五月、六月を夏として、七月、八月、九月を秋に当て、十月、十一月、十二月を冬に配している。そして、春、夏、秋、冬にそれぞれ、孟《はじめ》《もう》、仲《なか》《ちゅう》、季《すえ》《き》を置いて区別して呼んでいる。例えば、一月は孟春であり、二月は仲春、三月は季春である。八月はいうまでもなく、仲秋であるから、八月十五日を「仲秋の名月」と今日でも称ている。

九陽は、三夏に対しての対句用語であるが、『後漢書』にも、「九陽は日をいう」と注され、日の出る処の意とされている。だが、ここでいう九陽は、わたくしに、中国の伝説に伝えられる、弓の名人、羿《げい》、九つの太陽を射落して、ひとびとに暑さの害を救った話ったを想い出させるのであるが、つまり九陽は羿が射落した九つの太陽で、耐え難き暑さを象徴するものではないだろうか。

その暑さも、やがて夜を迎えれば、やっと酷暑を忘れて、ひとびとは海辺に集い、次のように歌うのである。

高浜《たかはま》に　来寄《きよ》する浪《なみ》の　沖《おき》の浪《なみ》　寄《よ》すとも寄《よ》らじ　子《こ》らにし寄《よ》らば
高浜《たかはま》の　下風騒《しもかぜさわ》ぐ　妹《いも》を恋《こ》ひ　妻《つま》と言《い》はばや　しことめしつも

第三十七話　玉里《たまり》の泉《いづみ》

茨城《うばらき》の郡家《ぐうけ》の東、十里ばかりの処に、桑原《くわばら》の岳《やま》があった。

ここは、茨城県小美玉市の玉里《たまり》付近の丘であろうと推定されているが、昔、倭 武《やまとたける》の天 皇《すめらみこと》がこの丘で、御膳《みけつもの》をとられたと伝えられている。

「みけつ」は、「御食《みけ》つ」であり、「つ」は「の」の意の格助詞である。「ケ《ke》」（毛）は、禾《か》（ｋａ）で、稲の如き食物を指す。『雄略紀』には、「饌」を「御膳之物《みけつもの》」と注している。（『雄略紀』十二年十月条）この膳《つけつもの》は、伊勢の采女《うねめ》が雄略の天皇に捧げるために奉仕した御食事である。

その時、「水部《もひとりべ》」が、新《あらた》に清泉を掘らしめたが、その泉の水は浄《きよ》く香《かん》ばしいものであったという。

そこで倭 武《やまとたける》の天 皇《すめらみこと》は、「能《よ》く渟《たま》れる水《みづ》かな」と賞讃されたので、この里の名を田余《たまり》と呼んだと、『風土記』は伝えている。

このように、天皇や神に捧げる聖水も、当時は「みけつ水《みづ》」（御膳津水《みけつみず》）と称したのである。

「中臣寿詞《なかとみのよごと》」という祝詞《のりと》の一節にも

「皇御孫《すめみま》の尊《みこと》の御膳津水《みけつみづ》」

と奏上している。因みに、皇御孫《すめみま》の尊《みこと》は、天孫瓊々杵尊《ににぎのみこと》を指す。

『職員令《しきいんりょう》』の宮内省の主水司《もんどのつかさ》という役所に

「水部《もひとりべ》 卌《(四十)》八」

が配され、天皇の御膳津水《みけつみず》の奉仕に当っていた。

宮中では、生井《いくい》、福井《ふくい》、綱長井《つなながい》など、天皇の御長寿を寿《ことほ》ぐような名がつけられた聖水が置かれていた。(『延喜式』)。

生井は　天皇の御命《おいのち》を健康に保つ聖水であり、福井は文字通り、福を齎《もたら》す泉である。

綱長井は、井戸の釣り綱が長いように、長寿を寿《ことほ》ぐ泉であろう。

いうまでもなく、泉は「出水《いづみ》」の意である。これに対して、温泉は、「出湯《いづゆ》」と呼ばれていた。伊豆《いづ》の国の名は、出湯《いづゆ》より起る。因みに、海に温泉が溢くところが、熱海《あつうみ》、つまり、「アタミ」や、「アツミ」である。

ところで、倭武《やまとたける》の天皇《すめらみこと》が、能く溜まれると仰せになられた、この田余《たまり》の水は、溢々と湧き出た泉であり、恐らく、土地の田畑に充分供給しても余るほどの水量を誇っていたのであろう。

この「田余」は、『和名抄』にいう常陸国茨城郡田余《たまり》郷である。『風土記』の伝える泉は、玉里《たまり》大宮神社境内の「玉《たま》之井《のい》」が、その遺跡と伝えている。

玉井《たまのい》といえば、想い出されるのは、近江国栗太郡《くりだぐん》の玉井《たまのい》伝承である。

死に瀕した小栗判官《おぐりほうがん》の愛妾、照手姫《てるてひめ》が、蘇生寺の笠地蔵に祈願して、白清水《しろしみず》を小栗判官に浴びさせた玉井である。

この玉井は、「魂《たま》の井《い》」で、生命を再生する井の意味であろう。

宮中の「生井《いくい》」などは、いうまでもなく、すべて玉井の一種であったのである。

第三十八話　倭武《やまとたける》の天皇《すめらみこと》

行方郡《なめかたぐん》は、孝徳天皇の白雉《はくち》《しらきぎす》四年（六五三）に、茨城国造、壬生連麻呂《みぶのむらじまろ》と、那珂《なか》の国造壬生直夫子《みぶのあたいおのこ》が、総領《そうりょう》の高向《たかむか》の大夫《おおまえのつぎみ》に申請して、茨城より八里、那珂から七里を割いて、新しく建郡したものである。

大化改新によって、統一国家の建設を目指した時、中央政府の最大の関心事は、なんといっても地方豪族を如何に統治していくかということにあった。特に、大豪族を服属せしめることに腐心したのである。

その政策の一貫として、大豪族の支配する土地を、分割することを急いだのである。茨城の大豪族の支配地が、先に見て来たように信太郡《しだぐん》や行方郡《なめかたぐん》に分割させられてたのは、そのためであった。

だが、分割された後でも、茨城郡は、『和名抄』によれば茨城郷《いばらごう》以下十八郷での構成をなしている。律令の現定では、廿里以下十六里を「大郡」となすとあるから（『戸令』）いうまでもなく茨城郡は「大郡」に属してた。

そのことから、推察しても茨城の郡は、信太郡や行方郡に十里以上の郷（里）を、既に分割しているから、もとは少くとも三十郷前後の大きな領域をなしていたのであろう。

そのため、強制的に茨城国造に命じて、多くの土地を差し出させ分割させたのである。

ところで、この地が行方《なめかた》と名告けられたのは、倭武《やまとたける》の天皇《すめらみこと》が、この地で、国見をされた時、「行細《なめくわ》し国《くに》」と讃美されたからであると記している。「行細し」とは、山と海の配置が絶妙にすばらしいという意味である。

「なめ」は滑らかで、険しくなく、親しみ易いことをあらわす言葉であり、「くわし」霊妙の意のであろう。

『万葉集』にも「忍坂《おしさか》の山《やま》は……出《い》で立《た》ちのくはしき山《やま》ぞ」（巻十三―三三三一）などと、「くわしき山」が歌われている。

行方郡の地の槻野《つきの》の清水《しみず》で、倭 武《やまとたける》の天 皇《すめらみこと》は、玉を以ってこの井を栄《さき》わい給うたと記している。この「玉の清水」が、今日の「玉清井《たまきよい》」である。今でも、行方市玉造町井上《たまつくりまちいのうえ》の霞ヶ浦の近くの地に、その伝承地は残されている。玉で泉を栄《ささ》わうというのは、恐らく、泉の中に玉を沈めてゆらゆらと揺り、この泉から清らかな水が永遠に湧き出ることを祈られたことをいうのであろう。

宮中の御井の一つを「福井」と書いて「サクヰ」（栄井）と訓ませているが、「玉の清水」も、倭武の天皇が斎《いわ》われ供御に供せられた神水であったことから推すと、この泉が天皇に栄えをもたらすことを示していると見てよい。

ところで、『常陸国風土記』では、倭建命《やまとたけるのみこと》を、特に「倭 武《やまとたける》の天 皇《すめらみこと》」と表記している。倭武の天皇の表記は、『播磨国風土記』にも見られるが、恐らく景行天皇の皇子でありながら、全国遠征の途中で崩ぜられた悲劇の皇子に対する敬慕の念が、このような尊称を生み出したものではあるまいか。いわゆる〝判官贔屓〟のなせるわざといってよいであろう。勿論、倭建命は、皇位にはつかれなかったが、その御子の仲哀《ちゅうあい》天皇は成務《せいむ》天皇のあとをづかれて即位され、倭建命系が皇位の本流となしていたことも、かかる「倭武の天皇」の称号を生み出す素因となったものと考えられる。それにつれて、この『風土記』では、倭建命の愛妻である弟橘姫《おとたちばなひめ》を、「橘《たちばな》の皇后《おおきさき》」と称しているのである（常陸国那珂郡　飽田《あくた》村条）。

『古事記』では、弟橘姫は、東京湾の速水《はしりみず》で、倭建命を荒海から御命《いのち》を救わがため、海水に身を投じた方であるが、『常陸国風土記』では、愉しげに倭武の天皇と共に、多珂郡まで連れだって巡行されているのである。

第三十九話　立雨《たちさめ》零《ふ》り行方《なめかた》の国《くに》

行方《なめかた》を、「風俗《くにぶり》の諺《ことわざ》」に、「立雨《たちさめ》零《ふ》り、行方《なめかた》の国《くに》」と称したという。

立雨《たちさめ》は、俄雨《にわかあめ》のことであるが、行方の「ナメ」は、なめらかの意で、地形が険しくない姿をいうのであろう。

倭武《やまとたける》の天皇《すめらみこと》は、現原《あらはら》の丘《おこ》に登られ、輿《こし》を停《とど》めて、徘徊《はいかい》され、「山《やま》の阿《くま》、海《うみ》の曲《わだ》は、参差《さんさ》して委蛇《もこよ》へり」、「峯《みね》の頭《ほとり》に雲《くも》を浮《う》かべ、谿《たに》の腹《はら》に霧《きり》を擁《いだ》きて物《もの》の色可怜《いろおもしろ》く、郷体《くにのたい》甚《い》と愛《めず》らしき」様《さま》を御覧になられて、「行細《なめくわし》き国《くに》」と仰せになられたという。

「参差《さんさ》」とは不揃いの姿の意というが、この場合には寧ろ杜牧《とぼく》の「阿房宮《あぼうきゅう》の賦《ふ》」に「瓦《かわら》は縫《ぬいつらぬき》、参差《さんさ》す」とある如く、ならび続くことをいうようである。

「委蛇《いい》」は、うねりくねる貌《さま》であるから、「行細《なめくわ》し国」は、この国には全く峨々たる嶮しい山はなく、曲線をえがくようななだらかな丘が続く美しい国として讃美されたものであろう。現原《あらはら》の丘は、『和名抄』にいう行方郡荒原郷《あらはらごう》の丘である。茨城県行方市玉造町《たまつくりまち》の旧現原《あらはら》村に当る。

倭武《やまとたける》の天皇《すめらみこと》は、この岡より下られ、大益河《おおやがわ》を艖《こぶね》に乗られて上流の方に進まれたが、どうしたことが、舟こぐ棹《さを》梶《かじ》が折《お》れてしまった。そこで、この河を無梶河《かじなしがわ》と呼ぶようになったという。

大益河《おおやがわ》は、小美玉市の大谷《おおや》に流れる園部川《そのべがわ》とも考えられているが、これだと『風土記』の文意からすれば、ややずれているように思われる。

この川は、茨城と行方の郡の境をなすと記るされているから、玉造町の玉造に流れる小川と考えるべきではないだろうかと、わたくしは考えている。

この川に河鮒《かわぶな》の類《たぐい》がとれたと記るされている。

鮒といえば、『播磨国風土記《はりまのくにふどき》』が賀毛郡腹辟《かもぐんはらさき》の沼条《ぬま》には、五蔵《はらわた》のない鮒《ふな》の話を伝えているが、常陸の鮒はこれと異り、民衆の食糧として供されたものだろう。

因みに、腹辟《はらさき》の沼《ぬま》は、現在の兵庫県小野《おの》市の東条川《とうじうがわ》と万願寺川《まんがんじがわ》の合流点にあった沼だといわれている。

ところで、倭武《やまとたける》の天皇《すめらみこと》は、無梶河《かじなしかわ》から郡の境の地に至り、ここで弓を用られて鴨を射られたが、弦音がすると同時に鴨は、地上に堕《お》ちて来たといいつたえられている。

その地が、鴨野《かもの》と呼ばれる処である。ここは、現在の玉造町玉造の加茂《かも》に当るが、天皇が極めて弓矢に堪能あられたかを伝える物語の一つになっている。

この野には、また櫟《いちい》の木、柴《しば》、鶏頭樹《かえるでのき》、比乃木《ひのき》（檜）が、森々して、繁茂していたという。

また、ここに「枡《ます》の池《いけ》」が存在したが、これは国宰の高向《たかむこ》の大夫《おおまえのぎみ》が命じて築かしたものである。

「枡の池」は、四角い形の池であろうが、地方の国司の最大の任務の一つは、農耕のための池を築くことであった。有能な国司は、池をきずくことに力を尽したのである。

その北には、香取の神子《かみこ》の社《やしろ》が祀られているが、現在の玉造町芦沢《あしざわ》の香取社に擬せられている。

第四十話　行方《なめかた》の海《うみ》

なめ方の郡家（麻生町《あそうまち》　行方《なめかた》）の西に、津済《わたり》があった。「津済《しんさい》」は〝わたしば〟で、「済《さい》」は、いうまでもなく、渡る意である。この〝わたしば〟は、行方《なめかた》の海《うみ》に設けられていた。この海から、海松《みる》、及び塩を焼く藻《も》が、採れた、と記るされている。

海松《みる》は、『和名抄』に
「狀《すがた》　松《まつ》の如《ごと》くにして葉《は》無《な》し。和名《わみょう》、美流《みる》」と記されている。
因みに、この海松布《みるめ》は、後に「見る目」に掛けられて、和歌によみ込まれ、古代のひとびとには親しまれていた海藻である。

早《はや》き瀬《せ》に　みるめおひせば　わが袖《そで》の　涙《なみだ》の川《かわ》に　うゑましものを（『古今和歌集』巻十一（恋歌一）―五三一）

「塩《しお》を焼《や》く藻《も》」も、『萬集葉』に
「志賀《しが》の海士《あま》は　海藻《めぬ》刈《か》り　塩焼《しほや》き　暇《いとま》なみ　髪梳《かみくし》の小櫛《をぐし》取《と》りも見《み》なくに」（巻三―二七八　石川朝臣居子）
と歌われている。塩焼く藻はが、いわゆる藻塩草《もしほくさ》と呼ばれていたものである。
海藻を簀《す》の上に積み重ね、これに海水を注ぎ、塩分を多く含ませ、この上澄みを釜で煮て、塩を採ったようである。
延喜五年（九〇五）の筑前国観世音寺資財帳《ちくぜんのくにかんぜおんじしざいちょう》を見ると、「焼塩山《やきしおやま》」が、筑前国志麻郡加夜郷《しまぐんかやごう》に見え、「熬塩《ごうえん》の釜《かま》」が設けられていたと記している（『平安遺文』巻一―一九四号文書）筑前国志麻郡加夜《かや》郷は、現在の福岡県糸島郡志麻《いとしまぐんしま》町附近である。

塩釜《しおがま》は、この他、周防《すおう》国や長門《ながと》国などの『正税帳《しょうぜいちょう》』に記るされているが、その経《さしわたし》は、五尺九寸ないし五尺八寸前後であった。

このような立派な鉄製のものばかりでなく、石釜、貝釜などが用いられていたようである。御存知のように宮城県の松島湾の南西部の塩竈《しおがま》の浦は、古代の多賀城の外港をなしており、その為め、中央にも製塩の地としてもよく知られていた。平安初期、左大臣 源 融《みなもとのとおる》が、京の六条の河原院《かわらいん》で、この塩竈を模した風流は、後世まで語り草として伝えられている。

ところで、この行方の海には色々な魚が採れたが、鯨《くじら》の遊泳する姿だけは一度も見たことがないと記している。郡家の東には県の祇《あがたかみ》という国津《くにつ》の社《やしろ》が祀られていた。

この杜《もり》の中に寒泉が湧き、大井と呼ばれいたが、この郡の男女たちは、四方から集って来てこの泉の水を汲んで飲んだという。

県《あがた》の社《やしろ》は、国津神《くにつかみ》とされるが、これは「天神《てんしん》」に対する「地祇《ちぎ》」に属する神社であろう。『神祇令《じんぎりょう》』には、伊勢《いせ》、山城《やましろ》の鴨《かも》（賀茂）、住吉《すみよし》、出雲《いづも》の国造《くにのみやっこ》の斎《いつ》く神《かみ》（熊野の大社）、出雲国意宇《おう》郡のなどを、「天神《てんしん》」とし、大神《おおみわ》（大三輪神社）、大倭《おおやまと》、葛木《かつらぎ》（葛城）の鴨《かも》、出雲《いづも》の大汝神《おおなむちがみ》（出雲大社）など「地祇《ちぎ》」と規定している。

恐らく、天皇家と特に縁りの深い神社が、「天神」系とされ、出雲に縁りのある神社や地方の神々が、「地祇」とされていたのではないだろうか。

因みに、行方の大井は、行方町の「オモイ」が遺称地とされている。

第四十一話　行方《なめかた》の槻《つきのき》

行方の郡家《くうけ》の南の門のほとりに、大きな槻《つきのき》があった。この木の北の枝は、垂れさがり、あたかも地に触れる程であったが、そこよりふたたび天に向ってのび、上昇を象徴する目出たい槻《つきのき》であった。

槻は、昔はツキノキと訓まれるが、現代では一般には、「ケヤキ（欅）」と称している木である。

古代に於いて、槻は槻弓《つきゆみ》（『日本書紀』神功皇后摂政元年三月条）として、弓の用材にも用いられているが、特にこの木が恐らく、神木の一種で、神が「依りつく」木だったのではあるまいか。

『孝徳紀』には、大化の改新の執政官が決ると、直ちに、孝徳天皇や皇太子の中大兄皇子《なかのおおえのおうじ》は、大槻《おおつき》の下《もと》に、群臣を集して、

「君《きみ》に二《ふた》つの政《まつりごと》無《な》く、臣《やっこら》は朝《みかど》に貳《ふたごころ》あること無《な》し」

と盟約させた。このことから窺えるように、大槻が神の依り代《しろ》の御神木と見倣されていたのである。

斉明天皇は田身嶺《たむのみね》（多武峯《とうのみね》）の上に両《ふた》つ槻《つき》の木の辺《ほと》りに、観《たかどの》を建て、両槻《ふたつき》の宮《みや》或は天宮《あまつみや》と称したとあるが、これも槻が天の神の依憑する聖なる木と見倣されてからであろう。（『斉明紀』二年是歳条）

また、飛鳥寺《あすかでら》の西の槻の下で、しばしば外国の使節を餐しているが、これもこの木のもとで、盟約が行われていたからである。

『雄略記』には、雄略天皇は、長谷《はつせ》の百枝《ももえ》の槻《つき》の許で、豊楽《とよあかり》の宴を催されたが、その時、伊勢《いせ》の三重《みえ》の采女《うねめ》が

「新嘗屋《にいなめや》に、生《お》ひ立《たて》る　百足《ももた》る　槻《つき》が枝《え》は　上枝《ほつえ》は　天《あま》を覆《お》へり　中《なか》つ枝《え》は　東《あづま》を覆《おほ》へり　下枝《しづえ》は　鄙《ひな》を覆《おほ》へり」

と、新嘗《にいなめ》屋の槻《つきのき》を讃美している。

このように見ていくと、『風土記』の行方郡家の南門の槻の、枝ぶりも、恐らく、郡家の繁栄を讃美するものと考えられていたのだろう。

ところが郡家のほとりは、昔、水の沢があり、霖雨《ながあめ》にあえば、郡家の政庁の前の庭一面に、雨水が溢れる有様だと伝えている。

又郡家に隣接する村には、橘《たちばな》の樹が植えられていた。

橘《たちばな》は、『古事記』に見られるように、第十一代垂仁天皇の御世、多遅摩毛理《たぢまもり》（田道間守《たぢまもり》）が常世《とこよ》の国から招来した「非時《ときじく》の香《かぐ》の実《み》」である。

「タチバナ」は、多遅摩《たぢま》（但馬の国）の花の意である。「常世《とこよ》の非時《ときじく》の香実《かぐのみ》」と称され、長寿の象徴する木の実であった。宮中にも、左近の桜《さくら》（梅）に対し、右近の橘が植えられていたのは、そのためであった。

第四十二話　香島《かしま》の御子神《みこがみ》

行方の郡家《ぐうけ》から西北《いぬゐ》の方に、提賀里《てがさと》と呼ばれる集落があった。

現在の玉造町手賀《てが》の地に当るが、「テガ」と称されたのは、この地に住んでいた佐伯《さえき》（蝦夷《えみし》）が、「手鹿《てが》」と呼ばれていたからであるという。

この「手鹿《てが》」と名乗る由縁は、必ずしも明らかでないが、わたくしは秘かに、利根川右岸にある手賀沼よりこの地に移り住んだ佐伯ではないか、想像している。

それは兎も角として、この手鹿《てが》の里《さと》の北には、香島《かしま》の神子《みこ》の社《やしろ》が祀られ、その社の周辺の山野は、地が肥え、柴《しば》、椎《しい》、栗《くり》、竹《たけ》、茅《ち》の類《たぐい》が、沢山はえていたという。

この香島《かしま》の神子《みこ》の社《やしろ》は、現在の玉造《たまつくり》町玉造に祀られる玉造大宮明神社であろうと考えられている。

鹿島（香島）の社がここに置かれるのは、ここは国府と鹿島杜を結ぶ中間の地に位置していたからであろう。鹿島杜を各地に勧誘せしめることは、論ずるまでもなく、鹿島の信仰圏を弘め、鹿島の勢力圏及び信仰圏を拡大することにあった。

たとえば、鹿島御子神社などは、磐城《いわき》国相馬《そうま》郡《ぐん》旧鹿島村に存在していたのは、その一例である。

『三代実録』に

「常陸国《ひたちのくに》　鹿島神宮《かしまじんぐう》言《もう》す。大神《おおかみ》の苗裔神《びょうえいしん》　卅八社、陸奥国《むつのくに》に在《あ》り。菊多郡《きくたぐん》に一つ、磐城郡《いわきぐん》に十一、標葉郡《しめはぐん》二つ、行《なめ》方郡《かたぐん》に一つ、宇多郡《うだぐん》に七つ、伊具郡《いぐぐん》に一つ、曰理郡《わたりぐん》に一つ、宮城郡《みやぎぐん》に三つ、黒河郡《くらかわぐん》に一つ、色麻郡《しきまぐん》に三つ、志太郡《しだぐん》に一つ、小田郡《おだぐん》に四つ、牡鹿郡《おじかぐん》に一つ」（貞観八年正月条）

とあるが、そのうちの、行方郡の鹿島御子神社であろう。（『延喜式』（神名下）

ところで、この堤賀《てか》の里《さと》の北には、曽尼《そね》の村《むら》があるが、ここも曽祢毗古《そねびこ》と呼ばれる佐伯《さへき》が住んでいたので、曽祢《そね》（曽尼《そね》）の村と称したという。

ここは、現在の玉造町玉造を中心とする地域であるという。

「ソネ」は「磽《かう》」とか、「确《かく》」と書かれるように、山の峰の一段と低い丘稜地をいうようである。

『顕宗紀』の一節に

「浅茅原《あさぢはら》　小确《をそね》を過《す》ぎ」（元年二月条）

と歌われているが、土や石の混ざった、やせた土地を、小确《をそね》を称している。确《かく》は「撓确《ぎょうかく》」とも書れて、文字通り、石が角ばっている瘠《やせ》地の貌《さま》を現している。

この曽祢には、駅家が置れ、曽尼《そね》（曽祢《そね》）の駅と呼ばれていたという。

曽祢の駅は、常陸国の七駅の一つである（『延喜式』兵部省諸国騎伝馬条）

この曽祢の駅には、駅馬が五匹備えられたという。ここは常陸国の国府（石岡市）から、鹿島神宮に赴く街道に設けられた駅の一つである。現在の玉造町玉造の泉《いづみ》と呼ばれる地域に置れていたと考えられている。

たゞし、この五匹の駅家は律令制では「小路」の扱いであるが、鹿島神宮と結ぶ路線として国府の官人たちには重要視されていたのであろう。

第四十三話　夜刀《やと》の神《かみ》

行方郡の伝承で、最も興味がひかれるのは、箭括《やはず》の麻多智《またち》の開拓物語である。

継体天皇の時代というから、六世紀初頭に、麻多智《またち》という男が、郡家の西の谷をきり開いて、水田にしようと考えていた、という。

だが、夜刀《やと》の神が多くの眷《けん》属を率いて、これを妨害した。

『風土記』には、「夜刀《やと》の神」を、「蛇《へび》を請《い》う」と注しているが、「ヤト」は、「谷津《やつ》」が本義である。

谷津は、谷そのものを指すが、本来は谷に流れる水で湿地帯をなしている処をいうようである。古代のひとびとは、そこに住む蛇を恐れて夜刀の神と称したのであろう。

当時、ここに群生する蛇を直視する者は、「家門は破滅し、子孫は継絶」すると信じられていた。

だが、麻多智《またち》は、自ら甲冑を身につけ、矛を手にし、ことごとく、夜刀《やと》の神を、谷間から追い逐いはらってしまった。

そして山の登口に、境界の標《しるし》を立て、麻多智は「これより上の山は、夜刀の神の領分とするが、山口より下は、人間の田地とする」と宣言した。その代り、必ず、麻多智の子孫は、夜刀の神の祝《はふり》となって祭るであろうと告げたのである。

麻多智が新しく開墾した田地は、十町ばかりであるが、それを今でも麻多智の子孫が、継承しているという。また、麻多智の子孫は、相変らず夜刀の神の祭りを絶やさなかったと伝えている。

その後、大化改新後の孝徳天皇の時代に成ると、壬生《みぶ》の連麿《むらじまろ》という豪族が郡司として、この地を支配し、新たに池を築いた。すると、また夜刀の神が現れ、池のほとりの槻《つき》に昇って、威嚇したという。

それを見た壬生連麿《みぶのむらじまろ》は、夜刀の神に、「池をつくるのは、民《たみ》の生活に資するためだ。地方の神が、王化に従わないとは、怪しからん」と激怒し、この池を掘るために動員されたひと達に、夜刀の神を殺せと命じたという。

その池は、いわゆる「椎井《しいゐ》の池《いけ》」である。池の周辺に椎の木が多かったから、このように名告られたのである。

これらの『風土記』の物語で、注目されるのは、新しい土地を積極的に開墾するに当って、六世紀初頭の段階では、夜刀の神を山に追いはらっても、なお、夜刀の神を鄭重に自ら祝《はかり》となって祭らなければならぬことである。

これに対し、七世紀中葉の大化改新の頃には、壬生連麿《みぶのむらじまろ》は、夜刀の神を恐れることなく、王化に従わないとして、打ち殺しているのである。

これらの物語は一般に、蒙味な俗信から、合理的精神に変っていた地方豪族の姿を如実に伝えるものと考えられているが、わたくしは、寧ろ、地方への王化の浸透が大化の改新を境に、一段とすすんだことを示すもとと見なしている。つまり、地方豪族も王権を忠実に遵奉する地方官の一員として働く姿を端的に示すのと理解したいのである。

『孝徳紀』には、大化元年（六四五）八月に地方の国司に

「田畝《たはた》を校《かんが》へよ。其《そ》れ薗池水陸《えんちくぬが》の利《くほさり》は、百姓《おおみたから》と倶《ともに》せよ」

と詔しているのが、その詔を文字通りにに励行していったのが、恐らくこの茨城の郡司の壬生連麿であったのであろう。壬生部が伝統的に、皇太子の部民集団であったことを、この際、見落してはならないのである。

第四十四話　築池のこと

行方郡の南、七里に、男高《をだか》と呼ばれる里《さと》があった。この男高《をだか》という地名も、昔、小高《をだか》と称する佐伯《さえき》が住んでいたからだと伝えている。

ここは、現在の麻生町の小高であろうといわれている。

この地には、国宰《くにのみこともち》の当麻《たいま》の大夫《おえつぎみ》の時、築いた池が存在していたという。

古くは国宰を、「クニノミコトモチ」と訓むが、「クニノミコトモチ」とは、天皇の御言《みこと》を奉持して、諸国に赴むき、治める官人、つまり国司《こくし》のことを指すのである。

因みに、大夫《だいふ》を「オホマエツギミ」と称するのは、大君《おおきみ》（天皇）の御前《ごぜん》《おんまえ》に侍す上級の官人であるが、「大夫《だいふ》」は一般には、五位の位の人の呼名である。「令制」によれば、大国《たいごく》の守《かみ》（長官）は従五位上が相当官《そうとうかん》とされ、上国《じょうこく》の守《かみ》は、従五位下が相当守である。因みに常陸の国は、『延喜式』で、全国二位の田積《でんせき》を誇る大国であった。天長三年（八二六）に、親王任国制《しんのうにんごくせい》が制定されると、常陸の国は、上総《かずさ》の国、上野《こうずけ》の国と共に、親王任国の一つとなっている。

当麻《たいま》の大夫《おおまえのつきみ》は、具体的に誰れであるか判らないが、当麻公《たいまのきみ》や、後に眞人《まひと》の姓を賜えられた当麻眞人《たぎまのまひと》は、『日本書紀』にしばしば登場していた。

例えば、壬申《じんしん》の功臣であった当麻眞人広麻呂《たぎまのまひとひろまろ》は、天武十四年（六八六）五月になくなり、直大壱位《ぢきだいちのくらい》を贈位されている。（『天武紀』）

『新撰姓氏録』（右京皇別）には

「当麻《たいまの》眞人《まひと》
用明《ようめい》の皇子《みこ》、麿子王《まろこのみこ》の後《すえ》なり」

として、用明天皇の皇子麿子王《まろのみこ》の後裔民族とされている。

『用明紀』にも、用明天皇と葛城直磐村《かつらぎのあたいいわむら》の娘広子《ひろこ》との間に生誕された皇子が、麻呂子皇子《まろこみこ》であり、当麻《たいま》の公《きみ》の先《おや》と注されている。（元年正月条）

当麻は、大和の二上山の山麓の当麻の地に因む名である。

それは兎も角として、律令制下では、国司が池を築き、田畑の水利の便をはかることが課せられていた。

推古十五年（六〇七）には、倭国《やまとの》に高市《たけち》の池《いけ》、藤原《ふじはら》の池《いけ》、肩岡《かたおか》の池《いけ》、菅原《すがはら》の池《いけ》を、山背《やましろ》（山城）の国には、大溝《おおうなて》の池《いけ》、河内国には、戸刈《とがり》の池、依綱《よさみ》の池《いけ》を造らしめている。

『続日本紀』には、肥後の国司、道君首名《みちのきみのおぶとな》の業績を伝えているが、彼は

「陂池《ひち》を興《おこ》し築《きず》き、以《も》って溉灌《がいかん》を広《ひろ》め、肥後《ひご》の味生《あぢう》の池《いけ》」

を築いたと記るされている（養老二年四月条）。因みに「陂《は》」は隄の意である。

彼はまた筑後守であ時期も、池を積極的に造築したと伝えられている。

『考課令《こうかりょう》』にも、国司が課口を増《ふや》し、田農《でんのう》を勧《すすめ》め課《か》することを、第一にあげている。

『常陸国風土記』に、このような国司の池の造営のことを丹念に記すのは、国政をになう藤原不比等の政策を、積極的に支援する息子の藤原宇合の姿勢が、端的に窺えるのではないだろうかと、わたくしは考えている。

第四十五話　麻生《あさふ》の里《さと》

行方郡に麻生《あさふ》の里《さと》がある。ここは、いうまでもなく、行方郡の郡家が置かれたところである。

現在の麻生町と考えてよい。

麻生という地名は、昔、麻《あさ》が潴水《たまりみず》のみぎわに多く生えていたことから、起るといわれている。「潴」は、水溜りとか、沼の意である。

麻生の里に、生える麻の太さは、大きなる竹のようであり、長さも、一丈に達したという。このような見事な麻が生えていたから、麻生の名がつけられたという。

『和名抄』によれば、麻生郷はこの他に、豊前国下毛郡《ぶぜんのくにしもけぐん》麻生郷がある。この麻生郷は、現在の大分県宇佐市麻生に比定されてている。

一説によれば、下総国埴生《はにう》郡麻在《あさ》郷（千葉県印旛《いんば》郡栄町埴生）も、麻生郷の誤りであるという。

その他、麻生の地名が各地に散見しているが、いうまでもなく、麻《あさ》は古代のひとびとの生活に関係が深かったからであろう。古代のひとびとにとって、麻は、重要な繊維として欠すことの出来ぬ貴重なものであった。

『萬葉集』にも

「小垣内《をがきつ》の　麻《あさ》を引《ひ》き干《ほ》し　妹《いも》なねが　作《つく》り著《き》せけむ　白細《しろたへ》の紐《ひも》をも解《と》かず」（巻九―一八〇〇）

と、歌われ、妻が夫のために麻を引《ひ》き干《ほ》し、これを糸として、紐《ひも》を作ったと述べている。

また、同じく『萬葉集』にも

「麻衣《あさごろも》　着《け》ればなつかし　紀《き》の国《くに》の　妹背《いもせ》の山《やま》に　麻蒔《あさまく》　吾妹《あぎも》（巻七―一一九五）

と吾妹が麻蒔《あさま》く歌が伝えられている。

『延喜式』主計上にも、常陸国の調庸物《ちょうようぶつ》の、「庸」として、布（麻布）が課せられ、「中男作物《ちゅうなんさくもつ》」として、「麻四百斤《きん》」を貢納することが定められていた。因みに、「中男《ちゅうなん》は、「戸令」に、「十六以上少《しょう》と為《せ》よ。廿以下を中《ちゅう》と為《せ》よ」と規定されているように、十七歳から二十歳までの男子をいう。いわば課税の予備軍である。正丁《せいてい》、つまり、廿一歳から六十歳までの成人の男子の調は、「布（麻布）二丈六尺」（賦役令）であった。しかし実際には麻布は多くは女性の手によって作られたものであろう。

多摩川《たまがわ》に　曝《さ》らす　手作《てづくり》　さらさらに　何《なに》ぞ　この児《こ》の　ここだ　愛《かな》しき（巻十四―三三七三）

という有名な『萬葉』の歌は、御存知のように現在の東京都の調布市で歌われたものである。

東京に、かつて麻布区があり、現在でも麻布の名が伝えられているのも、かつての武蔵国の麻の生うる処であった。いうまでもなく麻布《あさふ》は、主として一般庶民に用いられ、都人《みやこびと》の高官達は、絹織物や眞綿の布を用いていたようである。

『萬葉集』の山上憶良《やまのうえのおくら》の「貧窮問答歌《ひんきゅうもんどうか》」には

「寒《さむ》くしあれば　麻布《あさごろも》　引《ひ》き被《かぶ》り　布肩衣《ぬのかたぎぬ》　ありのごと　服襲《きそ》へども」

と歌い、それにつづけて、

「綿《わた》も無《な》き　布肩衣《ぬのかたぎぬ》の　海松《みる》の如《ごと》」（巻五―一九八二）

と、貴重品であった綿が手に入らぬ庶民の嘆きを切々と歌っている。

第四十六話　建部《たけるべ》

麻生の里の野は、騎乗に適する馬の産地であったと伝えられている。天武天皇の時代に、この地の建部袁許呂《たけるべをころ》が、この馬を得て、朝廷に献じたという。この馬は、行方《なめかた》の馬《うま》と呼ばれ、当時評判になったと伝えている。

現在でも、麻生町に、「小牧《こうまき》」と称する地名が見られるが、かつての麻生の馬の生育地ではなかろうか。

ここに、建部《たけるべ》が関係しているが、建部に就いては、『出雲国風土記』出雲郡建部郷条に、景行天皇が、「朕《あ》が御子《みこ》、倭健命《やまとたけるのみこと》の御名《みな》を忘《わす》れじ」ののたまいて、健部《たけるべ》を定めたと記している。

つまり、健（建）部は、倭健命の名代《なしろ》の民《たみ》であるというのである。

確かに『常陸国風土記』には、倭健命（倭武《やまとたける》の天皇《すめらみこと》）の物語りを多く伝えているから、その意味からして「建部」が常陸国に登場しても、決して不自然ではないように思われる。

だが、わたくしは、建部を倭建命の名代の民と考えるより、むしろ建部は本来、宮廷警固を職掌とする部民集団ではないかと考えている。

たとえば、孝徳天皇が即位された時、大伴長徳《おおとものながとこ》と共に、犬上健部君《いぬがみのたけるべのきみ》は、金《きん》の靫《ゆき》をもって宮廷守衛に当っている。

また、弘仁九年（八一八）に、宮城十二門が中国風の名称に改められる以前に、南面のには、壬生門《みぶもん》、大伴門《おおともも ん》があり、東門には建部門なが配されていたことを、想起していただきたいのである。

これらは門の名が示すように、かつては大伴氏や建部氏がそれぞれの宮城の門を守衛に当っていたのである。

また、地方の国衙《こくが》などの守護にも、地方の建部が配されていた。そのことは建部の地方の分布と県《あがた》、屯倉《みやけ》の配置から、窺うことが出来るようである。恐らく、このように、朝廷の守護を取掌とすることから、後に倭建命の部民とされるような伝承は生れたのではないだろうか。

このように見ていくと『常陸国風土記』の建部は、共に宮城の門の守護に当った壬生郡との関係も見落とすべきではないと思われる。

また、行方郡には、県《あがた》の祇《かみ》を祀る神社があると『風土記』に伝えているが、恐らく、行方郡には、古く県《あがた》が置かれていたのであろう。

県《あがた》は「献上田《あげた》」の意で、地方豪族が服属の証《あかし》として、朝廷に土地を献じたものをいうから、その朝廷領の守衛に当っていたのが、この地方の建部ではないかと、わたくしは、想像しているのである。

勿論、その建部が、倭建命《やまとたけるのみこと》の伝承に関ってきたことを、直ちに否定するものではない。

例えば、『萬葉集』には、倭建命の皇子とされる仲哀天皇の皇后　息長足日女命《おきながたらひめのみこと》（神功皇后）の鎮懐石《ちんかいせき》の伝承を、筑前国那珂郡《ちくぜんのくになかぐん》　伊知郷蓑島《いちごうみのしま》の建部牛麻呂《たけるべうしまろ》の歌として伝えているからである。（巻五ー八一三、八一四）

因みに、この蓑島は福岡県福岡市博多区美野島《みのしま》であるが、この近くには、那珂屯倉《なかのみやけ》（福岡市摩多巳那珂）が置かれていたことも、併せて想起する必要があると思っている。

第四十七話　鳥見《とみ》の丘《おか》

行方の郡家の南、二十里に、香澄《かすみ》の里《さと》がある。

香澄の里は、現在の茨城県行方市麻生町富田から、牛堀町の北部にかけての地域であるという。

この地が「香澄《かすみ》」と呼ばれるようになったのは、次のような伝承が伝えられていたからである。

昔、倭武《やまとたける》の天皇《すめらみこと》が、下総国《しもふさのくに》の印波《いんば》の鳥見《とみ》の丘《おか》にお登りになられた。そこでしばらく、この地にとどまっておいでになられていたが、遙かに、東の方を御覧になり、

「海《うみ》は即《すなわ》ち、青波《あおなみ》に浩行《ひろびろ》として、陸《くが》は、是丹霞《これたんか》にて、空朦《おぼろ》なり。国《くに》は其《そ》の中《なか》より、朕《わ》が目《め》に見《み》ゆ」

と天皇は侍臣におおせになられたという。このことにもとづいて、その地を霞《かすみ》の郷《さと》と呼ぶようになったという。

因みに、引用文中の「浩行《こうこう》」は、広々としている貌《さま》をいう。「丹霞《たんか》」は「あかきもや」の意である。「空朦《くうぼう》」は、とりとめもなく、おぼろなる有様を意味する。

倭武の天皇がはるかに望まれたという丘は、現在の千葉県印旛郡本埜村《いんばぐんもとのむら》の丘であろうといわれているが、ここは、印旛沼《いんばぬま》と利根川に挟まれた下総台地を指すという。

この大地は高い処でも、三十メートルばかりであるが、この丘には、現在でも、鳥見《とみ》神社が祀られている。

〝鳥見《とみ》〟という地名は、大和国にもあり、一つは富雄川《とみのをがわ》沿いの古い地名である。そこは神武天皇が長髄彦《ながすねひこ》と戦われた際、金鵄《きんのとび》が飛来した処と伝える由来の地である。(『神武紀』)この鳥見は一説には、鵄《とび》が「トミ」と誤ったものとも

云われている。

また、奈良県桜井市外山の鳥見は、「跡見《とみ》」とも表記されるから、狩猟の際、獣の足跡を見はる物見の丘とも、いわれている。

しかし、外山には、かつて式内社の等弥《とみ》神社が祀られたと伝えるように、神霊をはこぶ金鵄の如き聖鳥が飛来した処ではないかとわたくしは考えている。

『旧事本紀《くじほんぎ》』(天孫本紀)には、物部氏の祖とされる饒速日命《にぎはやひのみこと》が、大和国の鳥見《とみ》の白庭山《しらにわやま》に天降《あまも》りされたと記していることを、参照していただければよい。

それは兎も角として、千葉県の本埜村《もとのむら》から、東の方を望まれたとあるが、正確にいえばや、南東の方向に、麻生町や牛堀町は存在している。倭武の天皇がはるかに望まれた地域は、行方の豪族の中心的な地域である。香澄の里は、富田古墳群や稲荷古墳群などが造営され、流海の入口を抱する交通の要衛地でもあった。倭武の天皇は、赴く先の地を望まれ茫漠たる想いをいだかれていたのではないだろうか。

古代に於いては、地名由来伝承は、天皇の命名される場合が多いが、香澄の里もその一つであろう。また、「霞《かすみ》」を「香澄《かすみ》」という、よき字を二字で現すのは、『風土記』進撰の方針にもとづくものであろう。「郡《こおり》と郷《さと》との名《な》は好字《よきじ》を著《つ》けよ」(『続日本紀』和銅六年五月条)に、したがった地名である。

第四十八話　板来《いたく》の海《うみ》

香澄《かすみ》の里の南、十里ばかりのところが、板来《いたく》である。いうまでもなく、そこは現在の潮来市の潮来《いたこ》町である。

ここに駅家《うまや》が設けられていたという。だが、『延喜式《えんぎしき》』兵部省《ひょうぶしょう》の条には、この駅は、既に記載されていない。弘仁六年（八一五）十二月に、「常陸国の板来《いたく》の駅を廃《はい》す」（『日本後紀』）と、記されているように、弘仁六年の末に廃されたのである。この板来の里の西の榎《えのき》が群生しているところが、天武天皇の時代に、麻績《おみ》の王《おおきみ》が流罪とされたところと、『風土記』は伝えている。

だが、『天武紀』によれば、

「三位《さんみ》、麻績王《おみおう》、罪有《つみあ》り、因幡《いなば》に流《なが》す」（天武天皇四年（六七六）四月条）

とあり、麻績王は、因幡《いなば》の国に流罪となったと記している。更に、『萬葉集』では、麻績王は、伊勢国の伊良虞《いらご》島に流されたという異伝え、ひとびとはそれを憐み、

「打麻《うちそ》を　麻績《おみ》の王《おおきみ》　白水郎《あま》なれや　伊良虞《いらご》が島《しま》の　珠藻《たまも》刈ります」（巻一―二三）

と歌ったと記している。

このように麻績王の流罪の島は、色々と伝えられているが、いうまでもなく『日本書記』の記載に従うべきであろう。恐らく、当時のひとびとの麻績《おみ》王に対する憐憫の情念が高まって、このような異伝を次々と生み出していったと、わたくしは考えている。都の高官が流罪になると、いままでの優雅な生活は一変し、まさに白水郎となって漁撈に従

事し、まことにあわれな生活を余儀なくされたのである。その事は、平安初期に隠岐《おき》の島に流された小野篁《をののたかむら》は

思《おも》ひきや　鄙《ひな》の別《わか》れに　衰《おとろ》へて　蜑《あま》の縄《つな》たき　漁《いさ》りせんとは（『古今和歌集』巻十八雑歌―九六一）

と悲惨の歌をとどめていることからも、窺えるであろう。

また同じく『古今和歌集』には在原行平《ありはらのゆきひら》の

「わくらばに　とふひとあらば　須磨《すま》の浦《うら》にも藻塩《もしほ》　たれつつ　わぶとこたへよ（巻十八、雑歌下―九六二）

の歌を伝えている。これらの事から推して、麻績王の流罪が、多くのひとたちの同情を呼び、次第に各地に流罪の物語が流転して、語り伝えられていったのであろうか。

『風土記』の常陸の国は、このように悲劇の主人公の恰好の舞台であったからである。

板来《いたく》の海《うみ》は、塩《しほ》を焼《や》く藻《も》（藻塩草《もしおぐさ》）や海松《みる》、白貝《おふ》、辛螺《にし》、蛤《うむぎ》などが、とれたと記されている。

海松《みる》は、『和名抄』に「状《かたち》は松《まつ》の如《ごと》くにして葉《は》は無《な》し。和名《わみょう》は美流《みる》」と注される海藻である。白貝は、『和名抄』に「蛤《おふ》」とあり「於富《おふ》」と訓ませている。辛螺は、「大辛螺」と「小辛螺」の二つがあり、『和名抄』では、大辛螺の、和名を阿木《あき》と注しており、小辛螺は、和名は「仁之《にし》」と訓んでいる。

蛤は、『和名抄』に宇無岐乃加比《うむきのかひ》と訓んでいるが、今日は「ハマグリ」を指すのであろう。大国主命《おおくにぬしのみこと》が八十神《やそがみ》の迫害をうけ、焼き石で殺された時、蚶貝《きさがい》と蛤貝《うむきのかひ》に、母の乳汁を塗って甦生されたという『古事記』の話が伝えられている。

それは兎も角として、この板来の海は、貝産物が豊富にとれた処と、土地のひとびとは、自慢していたのである。

第四十九話　建借間命《たけかしまのみこと》

板来の地の国栖《くず》を征討したのが、建借間命《たけかしまのみこと》であった。

彼は、崇神《すじん》天皇に、東《あづま》の荒振《あらぶる》賊《ぞく》を平定することを命ぜられたという。

遠征の途中で、安婆《あば》の島に駐屯した時、流海《ながれうみ》のかなたに烟《けむ》りが立つのが見えた。

この安婆《あば》は、現在土地のひとから「あんば大杉明神」と呼ばれた社が祀られている稲敷市の阿波であろう。建借間命は、早速、祈請《うけひ》を行って、この烟りが、もし天人《てんにん》の烟りならば、流れ来って、わたくしの上を覆ってくれ。それが荒ぶる賊の烟《けむ》りならば、去って流海の方に靡《なび》けと祈られると、その烟りは、たちまち流海（霞ケ浦）の方に流れ去ったのである。

建借間命は、荒ぶる賊が蟠踞しているに違いないと確信し、軍を進めて、荒ぶる賊と一戦を交えることになった。

このように、古代では、重大な事件に遭遇すると、必ず「ウケヒ」という占いを試みるのである。「ウケヒ」は、身を潔めて、「成る」か「成らぬ」か、或は「吉」か「凶」かを神にかけて占うことである。この場合の選択肢は、正か否の二つに限られているのが、通例であった。

賊は、夜尺斯《やさかし》と夜筑斯《やつくし》の二人を首長とする一団であった。

恐らく、この「サカシ」は「さかしまなるわざ」（安康即位前紀）のサカシで、行いが暴虐であることを示す言葉であろう。それに対し「ツクシ」はあらゆる悪行をなし尽すことであろう。

それらの名に特に、「夜」を冠するのは、夜になると、穴から出て犯行を重ることを示唆しているのではないだろうか。

それは兎も角として、建借間命は兵を率いて、討伐に就くと、賊達はすぐに、穴窟にもぐって身を隠してしまうのである。

建借間命は、そこで一計を案じて、穴に隠れ、身をひそめている賊をおびき出すため、渚《なぎさ》に美しく装った船をならべ、琴や笛で杵島唱曲《きしまぶり》を演奏させ、七日七夜《なのかななのよ》続けさせたという。

その愉しげな歌垣《うたがき》の曲に賊等は穴より浮れ出てきたが、建借間命は、すぐに山陰にひそめていた兵士に命じて、国栖が逃げこもる穴をふさがせ、ことごとく殺させたのである。

その時、兵士が国栖達を襲う時、「痛《いた》く殺《ころ》せ」と叫んで国栖を殺したので、この村を、「板来《いたく》＝痛《いた》く」を村と名告けたという。また、その時、賊の身体を眞二つに切ったので、「布都奈《ふつな》」の里と呼ばれ、意外に簡単に切ることから、「安伐《やすきり》の里」と呼ばれたというのである。

この布都奈《ふつな》の里《さと》は、潮来市古高《ふるたか》に当てられているし、また安伐《やすきり》の里は、吉《よ》く殺《さ》くの意で、吉前《よさき》の邑《むら》とも称したが、ここは潮来町江崎であるという、説かれている。

この国栖《くず》殲滅の功労者は、いうまでもなく建借間命であるが、それは猛々しく、かしましい男の意味であろう。つまり大声を立てて、賊を滅した男の意である。

また彼は、「風土記」に那珂の国造の祖とされているが、『古事記』によれば、神武天皇の皇子、神八井耳命《かむやいみみのみこと》の後裔氏族と記るされている。

因みに水戸市飯富《いいとみ》町は、『和名抄』にいう那賀郡大井郷《なかぐんおおいごう》に含まれるが、この飯富は「飫富《おふ》（大部《おほふ》）であるとすると、（吉田東伍『大日本知名辞書』三六九五頁）多《おお》氏との関係をしのばせるものがある。いうまでもなく「古事記」には、神八井耳命の後裔の中央氏族が多氏であり、その一族が那珂の国造とされたと記しているのである。

第五十話　紫草《むらさき》

郡家の東北には当麻《たぎま》の里があり、ここは、土地が痩せていたが、唯、ここには紫草《むらさきぐさ》が群生していたという。

御存知のように、紫草の根から、紫色の染料がとられるのである。『萬葉集』にも

「紫草《むらさき》は　根《ね》をかも竟《お》ふる　人《ひと》の児《こ》の　うらがなしけを　寝《ね》を竟《お》へなくに（巻十四―三五〇〇）

と紫草の根が歌われている。

また、「紫《むらさき》は灰《はい》をさすものぞ」（『萬葉集』巻十二―三一〇一）と歌われるように、紫草の媒染に、椿の灰を混ぜたのである。紫に染めた衣服は、当時、最高級に属する人物のみ許され、紫は、当時においては禁色であった。

『皇極紀』には、蘇我大臣蝦夷《そがのおおおみえみし》が、我が子の入鹿《いるか》に、「紫冠《むらさきのこうむり》」を授けて居る。『孝徳紀』にも、新しく制定された冠位の最高は、服の色は深紫《ふかむらさき》であり、「繡冠《ぬいもののこうむり》」に続く、第三位は「紫冠《むらさきこうむり》」で、服の色は浅紫《あさむらさき》とされていた。

紫草は、はじめの頃は、野生の紫草を諸国から貢納させていたが、とりわけ武蔵野の紫草が有名であった。

『古今和歌集』には

「紫《むらさき》の　一本《ひともと》ゆゑに　武蔵野《むさしの》の　草《くさ》はみながら　あはれとぞ思《おも》う」（巻十七雑歌上―八六七）

と、武蔵野の紫草がことさらに愛されていた。

だが、自然にとれる紫草は、必ずしも需用に満たなかったから、政府では、紫草を栽培する紫園を経営するようになった。

茜《あかね》さす　紫野行《むらさきのゆ》き　標野行《しめのい》き　野守《ぬもり》は見《み》ずや　君《きみ》が袖振《そでふ》る（『萬葉集』春歌上巻一ー二〇　額田王《ぬかたのおおきみ》）

の恋歌に見えるように、近江国蒲生野《がまうの》には、紫草園という政府の直接管理の紫栽培園が設けられていた。そこは管理人以外は、立ち入ることが許されぬ標野《しめの》（占《し》め野《の》）とされていた。

このような紫草園は、畿内やその周辺だけでなく、遠国にも設けられていたようである。例えば天平九年（七三七）度の豊後国正税帳《ぶんごのくにしょうぜいちょう》には、球珠《くす》郡《ぐん》等に於いても、国司が自ら巡行して、紫草の管理の監督に当っていることが記るされている。

ところで、『延喜式』民部下には、常陸国から

「紫草三千八百斤」

が「交易雑物《きょうやくぞうもつ》」として、差出されている。「斤《きん》」は十六両、現在の六百グラムに当る重量である。因みに、相模国は三千七百斤、武蔵国は三千二百斤、下総国は二千六百斤、下野国は一千斤である。その他、出雲、石見の国がそれぞれ百斤、大宰府の諸国から合せて、五千六百斤が中央に貢されている。これらから見ても、関東の紫草が圧倒的な比重を占めていた。

紫宸殿《ししんでん》や、源氏物語の「紫の上」、更には紫雲など、紫の色はすべて高貴のシンボルカラーとされているのである。それ故、『常陸国風土記』には、当麻《たぎま》の里に紫草が生うと、麗々しく記載したのであろう。

この当麻の里に、二つの神子《みこ》の杜《もり》《やしろ》が祀られていたという。二つとは、鹿島、香取の御子神であろうとされている。それらの杜《もり》《やしろ》は、現在の鉾田市当間の鎮守社に当てられている。

第五十一話　素幡《しろはた》（白旗）

当麻の里には、また次のような話が伝えられていた。古老の話によれば、昔、倭武の天皇が巡行されて、この地においでになった時、鳥日子《とりひこ》という佐伯《さえき》が、反抗したので、倭武の天皇が、討伐されて殺させた、というのである。

そして天皇が尾形野《やかたの》の帳《とばり》の宮《みや》にお出掛けになられたが、行く道が狭く、余りにも「たぎたぎし」かったので、そこを当麻《たぎま》の里と名告けられたと伝えている。

「たぎたぎし」とは、歩行困難の状態や、または険しい道を意味する古語《こご》である。例えば、『古事記』には、倭建命が、都を目指して帰還の途につかれた時、病いに倒れ、美濃国多芸《たぎ》郡の山路にさしかかった時、既に、「吾《あ》が足《あし》、得《え》歩《あゆ》まず、たぎたぎし成《な》りぬ」といわれたと記している。この多芸という郡の名称も、いうまでもなく「たぎたぎし」に由来している。

常陸国「風土記」にいう当麻の里は、現在の茨城県鉾田市当間《とうま》に比定されてる。この地に流れる巴川《ともえがわ》は旧当麻《とうま》《たぎま》川の訛ったものと云われている。

この当麻《たぎま》の里の南に、芸都《きつ》の里《さと》が置かれていた。

ここは、現在の行方市の化蘇沼《けそぬま》に比定されているが、国栖《くず》の寸津毗売《きつひめ》が、白幡をかかげて降伏したところと伝えられている。

神功皇后が新羅を攻められた時、新羅の国王は

「素旆《しろきはた》あげて、自《みずか》ら服《まつら》ひぬ」

と思えるように、古代でも白旗をかかげることに、服属の意を示すことであった。

ただ「書紀」に白の字にあえて「素《しろ》」の字を当てるのは、素裸《すはだか》になって、完全に降伏することを示しているのであろう。『古事記』には、和邇《わに》（わにざわ）に皮をむかれた裸にされた菟《うさぎ》を、「稲羽《いなば》の素菟《しろうさぎ》」と称しているが、表皮をはがれたあわれなさまを表示するものであろう。それ故、稲羽の素《しろ》兎は、白毛の兎ではなく、素裸の兎の意に解すべきである。つまり素旗（白旗）は、反抗する武器を、一切差出して、降伏することの意志表示であろう。降伏に当って、白幡《しろはた》（白旗）をかかげるが、それと共に、賢木《さかき》（榊《さかき》）の木に、八握剣《やつかのつるぎ》、八咫の鏡及び八尺瓊の曲玉《まがたま》を挂《とい》けて、参向するのが、降属儀礼とされていたようである。（『景行紀』十二年九月条）

剣、鏡、玉の三種は、王権のシンボルであったから、神木である榊にとりつけて、征服者に献じたのである。

榊は、神木と記るされるように御神木であるが、それが神木と見做されるのは、常磐木で、「栄木《さかき》」の意であったからであろう。

つまり、榊を献ずることは、相手の永遠の繁栄を祝福することでもあった。

これに、王権の象徴である「三種の神器」をつけて、差出すのは、その国の統治権を譲渡する意志を、示すものであったといってよい。

第五十二話　うるはしの宮

寸津毗売《きずひめ》に、降伏を決意させたのは、寸津毗古《きづひこ》が倭武の天皇に抵抗して切り殺されたためである。

寸津毗古は、最後まで反抗の姿勢を変えず、「粛敬《しゅくけい》なし」という態度を示したからであるといわれている。

このように、倭武の天皇に服従しないことを、「風土記」では「粛敬なし」と表現しているが、これは、慎しみ、敬うことが無いことの意味で、帰順しないことを、云ひ現すものであろう。

そこで、倭武の天皇は、御剣《みつるぎ》を抜かれて、「登時」に、寸津毗古《きずひこ》を切り殺されたのである。『風土記』に見える「登《とう》時《じ》」は、「即座」とか、即時の意である。

そこで、寸津毗売《きづひめ》は、「懼悚《くしょう》」して、倭武の天皇に服従したといえる。「懼悚」は恐れ、ぞっとすることである。一般には、「悚懼《しょうく》」と表記されるようである。

ところで、地方の　豪族は、寸津毗古《きずひこ》、寸津毗売《きずひめ》のように、二人ペアーとなって物語に登場することが少くない。

『景行紀』には、肥後の阿蘇国《あそのくに》には、阿蘇の神を祀る阿蘇都彦《あそつひこ》と阿蘇都媛《あそつひめ》がいた。（十八年六月条）

このように男女の主長がならび立つのは、地方豪族であっても、マツリ（政治）をおこなう男性と、マツリゴト（祭司）を司る女性が支配者となり、その国を治めていたからではないだろうか。

豊前国の菟狭《うさ》（宇佐）の国造の祖とされる菟狭津彦《うさつひこ》、菟狭津媛《うさつひめ》も、宇佐神宮を奉仕する宗教的な豪族であったが、男女二人の共治の形態を示している。（『神武即位前紀』）

菟狭《うさ》の国造《くにのみやつこ》《こくぞう》は、神武天皇に帰順の意をあらわすために、一柱騰宮《ひとはしらあがりのみや》を造って、天皇に饗《みあえ》を供している。かかる饗を供する服従儀礼が、いわゆる「食《お》す国《くに》」の儀式であった。その国の国魂《くにだま》の象徴である穀物を天皇に供することは、国魂を天皇に捧げることと考えられていたからである。寸津毗売《きずひめ》は、天皇に降伏すると、直ちに小抜野《をぬきの》の頓宮《かりのみや》で、「信《まこと》に心《こころ》力を竭《つく》して、雨風《あめかぜ》に供《つか》へ奉《たてま》」ったと記されているが、「供へ奉る」は単に奉仕することではなく、供御《くご》、つまり、天皇に御食事を供したのである。

そこで倭武の天皇は、この地を「宇流波斯《うるはし》の小野《をの》」と名付けられたという。小抜野《をぬきの》の頓宮《かりのみや》は、現在の行方市小貫《をぬき》の地にもうけられた行宮《あんぐう》《のりのみや》であろう。頓宮は「仮りの宮」の意である。「頓」は、とどまる意である。

「うるはしの小野」の「うるはし」は、『古事記』に、「大和《やまと》し　うるはし」のように、立派で美しいの意とも解されるが、ここでは、「ウルハシ」の「ウル」は先述したように「ウラ」と同じく、心の意で、心からいとしいとか、心がけが大変立派であることを意味する言葉とすべきであろう。

たとえば、『萬葉集』に

「うるはしと　吾《あ》が想《も》う妹《いも》を　思《おも》ひつつ　行《ゆ》けはかもとな　行《ゆ》きあしかるらむ（巻十五―三七二九　中臣朝臣宅守《やかもり》）

と歌われるのは「心からいとしい」と、解すべきであろう。

又、『神代紀』の天雅彦《あまのわかひこ》と味耜高彦根神《あぢすきたかひこねのかみ》が「友善《うるわし》」、というのは、極めて友好的であるの意である。

いづれともあれ、倭武の天皇は、寸津毗売の奉仕を賞讃されたのである。

第五十三話　弓弭《ゆはづ》の騒《さわ》ぎ

小抜野《おぬきの》の頓宮《かりのみや》の南には、田《た》の里《さと》があった。

息長足日売《おきながたらひひめ》、つまり神功皇后の時代に、古都比古《こつひこ》という男が、三度も韓《から》の国に遣わされ、その功労によって、田を賜ったところと伝えられている。

因みに、息長足日売の「息長《おきなが》」は、現在の滋賀県の米原市や近江町附近の古い地名であるが、ここを根拠地とした、豪族、息長氏の一族から、神功皇后がでているのである。

また「帯日《たらひ》」というのは、「照日《てるひ》」と同義で、太陽神を象徴する尊称であった。それにともない、太陽神を祖神と仰ぐ天皇は、第十二代の景行天皇が大帯日淤斯呂和気《おおたらひおしろわけ》『天皇《すめらみこと》』と称されるように、多く「帯日」と名告られたのである。因みに「淤斯呂《おしろ》」の「オシ」は、上から下を支配する意味で「圧し」の意に当る。

「日売《ひめ》」は「日女《ひめ》」で、太陽神の娘の意であるが、後には「姫《ひめ》」と表記される。この「日女」に対する言葉がいうまでもなく、「日子《ひこ》」で、一般には「彦《ひこ》」と書かれている。

ところで、韓の国へ三度遣わされた古都比古《こつひこ》の話がこの物語の中心であるが、東国からいわゆる三韓の一つ百済《くだら》に遣された上毛野《かみつけぬ》の祖荒田別《あらたわけ》、巫《かんなき》　別《わけ》の物語りが、『応神紀』に伝えられているから、実際に東国からも、兵や使いひとが、徴されたことがあったのであろう。

たゞ、この古都比古《こつひこ》という人物は、恐らく、「来《こ》つ彦《ひこ》」、つまり遠い国から帰り来った男の意か、或は土地を朝廷に

「乞《こ》う」男の意味に解される。それは兎も角として、この古都比古に賜ったとされる「田《た》の里《さと》」は、『和名抄』にいう行方郡道田《みちた》郷であろうといわれて、現在の行方市の麻生町北東部から北浦南東部に比定されている。

この地域には、台山古墳群などが存在し、鹿島の海に出る交通の要衝の地であったから、韓の国への派遣の物語の舞台とされたのであろう。

田の里の近くには、波須武《はずむ》の野《の》があったと、『風土記』には記している。ここは、倭武の天皇がこの野に停泊されて、弓弭《ゆはづ》を修理《くつろ》われた処であると伝えられている。そのため、この地を、「波須武《はずむ》」と名付けられたという。

いうまでもなく、弓弭とは、弓の弦《げん》をかける弓の端の切り込み部分を指す。つまり、弓の端《ゆ》末《はず》が現義であると説かれている。

『萬葉集』の柿本人麻呂が、高市皇《たけちのみ》子（天武天皇の第一皇子）を讃える挽歌に、

「取《と》り持《も》てる　弓弭《ゆはず》の騒《さわぎ》」（巻二－一九九）

と歌っているが、『風土記』の話も、恐らく、倭武の天皇の蝦夷討伐のための弓弭の修理の場面と理解してよいであろう。

更にいうならば、弓弭をならすことは、鎮魂の呪法であったようである。なぜならば、『神代紀』には、天照大神が、荒々しき素戔鳴尊《すさのおのみこと》を対崎された時、「弓《ゆ》彇《はず》振《ふ》り立《た》て」て迎えられたと記しているからである。

第五十四話　相鹿《あうか》の里《さと》

波須武野《はずむの》の南には、相鹿《あふか》、大生《おふふ》の里が存在していた。

古老のいい伝えるところによれば、倭武の天皇が、相鹿《あうか》の丘前《おかざき》の宮《みや》にとどまられておられた時、膳炊屋舎《おふひどの》が浦のきわに立てられ、そこへ天皇は舟橋を作られて、御在所にかよわれたと記るされている。ここを大炊《おおひ》の場所と呼んでいたが、後世には、いつの間にか大生《おほふ》の村と呼ぶようになったというのである。

この相鹿《あふが》の丘前《おかざき》の地は、『和名抄』に見える行方郡の逢鹿《おうが》郷に当るが、現在の行方市麻生町南部の旧大田村に比定されている。

大生《おおふ》は、潮来市大生《おおう》とされるが、相鹿の里の南に隣接する地域である。

この間に舟橋をかけられて、倭武の天皇はかよわれたと述べているが、古代では、舟を川の上に並べ、綱や鎖で結びつけ、その上に板を敷きならべる舟橋がつくられることがあった。

『万葉集』にも、

「上毛野《かみつけぬ》　佐野《さの》の舟橋《ふなばし》　取《と》り放《はな》し　親《おや》は放《さ》くれど　吾《あ》は放《さか》るがへ（巻十四―三四二〇）

と上毛野《かみつけぬ》（上野《こうずけ》）の佐野の舟橋が恋の歌の中に登場している。この舟橋の名は、現在でも群馬県高崎市上佐野に字《あざ》名として残されている。この舟橋はいうまでもなく現在の烏川《からすかわ》にかけられたものであろう。

また、現在の富山市には舟橋今町、舟橋北町、舟橋南町の名を伝えているが、ここは越中国婦負《ねひ》郡《ぐん》曰理《わたり》郷《ごう》に当り、旧婦負河《ねひかわ》、今の神通川の河畔の地を占めるから、かつては、この河に舟橋をかけていたのではないだろうか。曰理《わたり》は「渡り」の意であるからである。

ところで、この相鹿の地に、倭武の天皇の大后《おおきさき》である、大橘比売命《おほたちばなひめのみこと》が、大和から、天皇をはるばる尋ねてこられて、この地でお逢いになられたところと伝えている。そこで、この地を　安布賀《あふか》の邑《むら》と名付けたと記している。

この安布賀《あふが》は、いうまでもなく相鹿《あふが》の里《さと》の事であろう。

倭武の天皇と、大橘比売命がお逢いになる伝承は、『常陸国風土記』久慈郡遇鹿《おうが》の助川の駅家の条にも伝えられている。

助川《すけがわ》は、日立市助川の地である。

特に興味が引かれる点は、それらはすべて御食事に関しての説話となっていることである。

行方郡の相鹿は、いうまでもなく「大炊」、つまり供御《くご》にまつわる話であるが、久慈郡の助川の「遇鹿《おうが》」も、この助川の鮭を天皇や皇后に供した物語となっている。

更にまた、多珂郡《たかぐん》の飽田《あきた》村の話も、倭武の天皇と、橘《たちばな》の皇后《きさき》（大橘比売命）と、「野の幸《さち》」と「海の幸《さち》」を争われる「祥福《さち》」争いの話であった。

『常陸国風土記』では、倭武の天皇と大橘比売命にまつわる物語の、内容は、必ずといってよい程、天皇の御食事に関することであったから、大橘比売命は、ここでは、神に御神饌を供する巫女的女性として描かれていたのであろう。

第五十五話　鹿島と鎌足

『常陸国風土記』を執筆した人物は、香島《かしま》（鹿島）の郡へ入ると特に、力を込めて書いたようである。

それは、一つに、執筆者の責任者が、藤原宇合《うまかい》であったことに関りがあるだろうと、わたくしは、考えている。

なぜならば、この地に祀られる鹿島の神が、藤原氏の司祭する神々の主神とされているからである。

『大鏡』には、

「そのおとど《（大臣）》（藤原鎌足）は、常陸国にて、む《（生）》まれたまへり」（『大鏡』第五巻）

と記すように、鎌足の出身を常陸国とする伝承は、早くから伝えられていた。

勿論、鎌足は、『藤氏家伝《とうしかでん》』の冒頭に、

「鎌足《かまたり》は、…大倭国高市群《やまとのくにたけちぐん》の人《ひと》なり」

と明記され、又、『推古紀』にも、「鎌足は、大原の藤原第に生れる」（『推古紀』二十二年条）とあるように、出身地は、正しくは奈良県の明日香村小原《あすかむらをはら》である。

それにも拘らず、常陸国出身説が根強く流布されていたのは、鎌足の祖先が、常陸国鹿（香）島郡の中臣氏であったからではないかと、わたくしは秘かに推測している。

というのは、六世紀の終りの頃、崇仏派と排仏派の抗争が激化した時、排仏派には物部守屋《もののべのもりや》を筆頭として、中臣《なかとみの》連勝海《むらじかつうみ》が属していた。

だが勿論、蘇我馬子の率いる崇仏派に対し、排仏派は大敗するが、それにともなって中臣連勝海の家もつぶされてしまったのである。

そのため宮廷の祭祀を司る中臣の本宗を欠くこととなった。

そこで、急拠、常陸国鹿島郡にいた中臣氏の分家を中央に迎えて、宮廷の祭祀の職を継がせることとなったのである。鹿島の分流が本流をついだといってよい。その鹿島の中臣の家系から鎌足が出たと考えられているのである。鎌足の大化改新の功績が認められ、それにともなって鹿島の中臣氏が斎く建御雷神も、中央に迎えられたのである。

それ故、常陸国鹿島郡は、鎌足の祖とする藤原家（中臣）の発祥地と意識されていたので、当然ながら鎌足の孫に当る宇合は、この地の神の顕彰に努めたのである。

この香島郡は、孝徳天皇の己酉《つちのとり》の年《とし》（大化五年（六四九）に、中臣□子と中臣兎子《うのこ》らが、惣領の高向《たかむこ》の大夫《おおまえぎみ》に申請して、下総国海上郡《うなかみぐん》の軽野《かるの》より南の一里と、常陸国那賀郡《なかぐん》の寒田《さむた》より北、五里を割いて、「神郡」としたものである。

「神郡」は、朝廷が特に尊崇する神社の祭祀を継持するために、神社に租税を納入させる特権があたえられた郡である。

安房《あわ》神社の安房国安房郡、香取《かとり》神宮の下総国香取郡、伊勢《いせ》神宮の伊勢国多気《たき》郡、日前《ひのくま》杜、国懸《くにかけす》杜の紀伊国名草郡《なぐさぐん》、出雲大社や熊野坐《くまのいます》　神社の出雲国意宇《おう》郡、宗像《むなかた》神社の筑前国宗像郡が、それぞれの神郡として、ほぼ大化年間から天武朝にかけて漸次置かれていった。

この神郡の一つに、最も早く鹿島郡が置れたのは、大化の改新における藤原鎌足の果した役割が如何に大きく関っていたかを、如実に示しているといってよいであろう。

第五十六話　五月縄《さばえなす》

鹿島の神社の由来を、『風土記』では、「清《す》めると濁《にご》れると糺《あざな》はれ、天地《あめつち》の草昧《ひらくる》より亡前《さき》」と記している。

これは、いわゆる渾沌《こんとん》とした原古の状態を示しているが、そのなかから、次第に、清純なものは上昇して天となり、混濁して重いものは、下に沈んで大地となったという、天地創造の神話にもとづいて求べているのであろう。

『日本書記』の序文の冒頭にも

「古《いにしへ》に、天地未《あまつちいま》だ割《わか》れず、陰陽《いんよう》分《わ》かれざりしとき、渾沌《まろか》れたること」

と述べているが、これと全く同じ趣旨をいい伝えている。

この渾沌としていた時期に、賀味留弥《かみるみ》、賀味留岐《かみるぎ》は、八百万《やおよろず》の神々を、高天原《たかまがはら》に召集して、会議を開かれたという。

ここにいう賀味留弥《かみるみ》、賀味留伎《かみるぎ》は、「祝詞《のりと》（祈年祭）」に見える「高天の原に神留《かみつま》ります神漏伎命《かむろぎのみこと》や神漏弥命《かむろみのみこと》」を指すと見てよい。

「カムロギ」の「カム」は神であり、「ギ」はは男性を現す表示する接尾語である。それに対して、「カムロミ」の「ミ」は、女性を意味する言葉であるから、これは、「女の神」ということになる。

『古事記』にも、「伊邪那岐《いざなぎ》」の神と、「伊邪那美《いざなみ》」の女神が登場し、お互に誘《いざ》ない合って結婚される神話が語られているが、この場も、「岐《き》」と「美《み》」で男性と女性神を、区別している。

『風土記』にいう「賀味留弥《かみるみ》、賀味留伎《かみるぎ》」は、『日本書記』に沿っていうならば、天照大神《あまてらすおおみかみ》とと高見産霊尊《たかみむすびのみこと》であろう。

この御二人の最高神が、八百万《やおよろず》の神に向って、御孫に当る瓊瓊杵尊《ににぎのみこと》を、豊葦原《とよあしはら》の水穂《みずほ》の国を統治させようとされたが、その国は、まだ荒振る神々が跳梁していたので、誰かその国に赴いて平定しにいくものはないかと云われたのである。

その時、高天の原から、第一番目に派遣された神が、香島《かしま》の大神《おおかみ》だと『常陸国風土記』は主張しているのである。『古事記』では、建御雷神《たけいかづちのかみ》が平定に赴いたのは、『記紀』では出雲の国であったが、ここでは常陸国とされているのである。

建御雷神は、天降《あまくだ》られたが、常陸国々にはまだ荒振る神々や、石根《いわね》、木立《こだち》、草の片葉も言葉を発して、「昼《ひる》は狭蠅《さばえ》なす音声《おとな》い、夜《よる》は火光明《ひのかがや》く」有様であったので、直ちにそれらの者たちを、ことごとくに平定されたという。

この場面は、『日本書紀』の天孫降臨の条に

「多《さわ》に、蛍火《ほたるび》の光《かがや》く神、及《およ》び蠅声《さばへな》す　邪《あ》しき　神有《かみあ》り。復《また》、草木《くさき》、咸《ことごと》くに能《よ》く言語《ものいうこと》あり」

という文章に相応するものであろう。

『古事記』にも、「狭蠅那須満《さばえなすみ》ち、万《よろず》の妖《わざわ》い悉《ことごと》く発《おこ》れり」とあるが、この「サバエナス」をあえて「五月蠅」とも書くように、陰暦五月頃の蠅《はえ》のようにうるさいというのが、原義である。わたくしは極めて実感に添った枕詞であると思って、いつも感心している。

『万葉集』にも

「ことごとは　死《し》なと思《おも》へど　五月蠅《さばへなす》　騒《さわ》ぐ　子供《こども》を」（巻五―八九七　山上憶良）

と「騒ぐ」に掛る言葉として「五月縄」を用いている。

第五十七話　香島《かしま》の神

豊葦原《とよあしはら》の水穂《みずほ》の国を平定された神を祀る社《やしろ》は、天にあっては、「日《ひ》の香島《かしま》の宮《みや》」と呼ばれ、地にあっては、「豊《とよ》の香島の宮」と称したという。

この香島は鹿島《かしま》の古い名称である。

香島の「香《か》」は、天《あま》の香具山《かぐやま》の「香」と同じく、「神」の意であろう。天の「カグヤマ」の「カグ」は、「神坐《かみくら》」であり、神が降臨されて鎮座される聖なる場所である。それと同じく、『風土記』でも、「高天《たかま》の原《はら》より降《くだ》り来《こ》し大神《おおかみ》」の神座を香島と記るしているであろう。

この香島が、後に鹿島と名を改めるのは、この地の卜部《うらべ》が、鹿の肩甲骨《けんこうこつ》を用いて卜占《ぼくせん》を行ったからである。それよりしてその鹿は、次第に鹿島の神の神獣と見做され、神聖視されていったのであろう。つまり鹿はひとびとから大切に取扱われるようになったので、ここをことさらに「鹿島」と呼んだのではあるまいか。

それは兎も角として、『風土記』には、この香島の神に朝廷から幣帛《みてぐら》を献ずる由来を、「初国《はつくに》知らし し見麻貴《みまき》の天皇《すめら》命《みこと》」、すなわち崇神天皇のに結び付けて説いているは、注目されてよいであろう。

御存知のように崇神天皇は、『古事記』や『日本書記』では第十代の天皇と記るされているが、『崇神紀』ではあえて「御肇国天皇《はつくにしろめすすめらみこと》」（『崇神紀』十二年九月条）と称されている。

これは恐らく、「人民《おおみたから》を校《かんが》え　更《また》、調役《みつぎえだち》」をととのえられ、国家としての体制が、崇神天皇の御代に始めて完成したという趣旨にもとづくものであろう。国家の大勢が、ほぼこの時期に完成したと考えられていたのである。その時期、鹿島の神がこの地に祀られたということは、他の地方神に比してはじめより朝廷が鹿島の神を重要視していたことを示すものであろう。

所で、『風土記』に再びもどって見ていくと、そこには崇神天皇が大坂山《おおさかやま》の頂《いただき》で、白細《しろたえ》の着物を召され、白桙《しらほこ》の御杖を手にされた神から託宣を得られたと述べられている。その託宣は、我が身を鄭重に斎《いつ》き祀《まつ》れば、天皇が治められる国々は、すべて平和裡に治めることが出来るだろうというものであった。

天皇は、この神はいづれの神であるかと群臣に尋られると、大中臣《おおなかとみ》の神聞勝命《かむききかつのみこと》がすすみ出て、それは香島の大神であろうと申上げたというのである。

天皇が託宣を得られたという大坂山は、現在の奈良県香芝市穴虫、逢坂のあたりの山、つまり二上山である。『崇神紀』にも、天皇は、赤《あか》き盾《たて》と黒き盾《たて》を、「大坂の神」に祀れという夢告をうけられたと話している。（『崇神紀』九年三月条）

この神は、『延喜式』にいう大坂山口神社であるが、『履中記』にも託宣する神として伝えられいる。

『風土記』には、鹿島の大神であることを明らかにした人物を大中臣の聞勝命《ききかつのみこと》としているが、これは個有名詞というより、神語《かみごと》を聞くに勝《すぐ》れた能力を持つ中臣の男という意味であろう。

鹿島の神に献ぜられたのは、大刀《たち》、鉾《ほこ》、鉄弓、などの武器が多いのは、この神が武神とみ做れていたからである。『神武即位前紀』では、熊野で毒気に悩された神武天皇に、建御雷《たけみかづち》（武甕雷）の神は、韴霊《ふつのみたま》という霊剣を下して救われたと記すのも、破邪の剣を象徴とする神があったからである。

第五十八話　霰降《あられふ》る鹿島《かしま》

ところで、香島を、「風俗《くにぶり》の諺《ことわざ》」に、「霰《あら》れ零《ふ》る香島《かしま》の国」と称したという。

『萬葉集』にも

「霰降《あられふ》り　鹿島《かしま》の埼《さき》を　浪高《なみたか》み　過《す》ぎてや行《ゆ》かむ　恋《こひ》しきものを」（巻七ー一一七四）

「霰降《あられふ》り　鹿島《かしま》の神《かみ》を　祈《いの》りつつ　皇御軍《すめらみくさ》に　吾《われ》は来《き》にしを」（巻二十　四三七〇）

と歌われるように「霰降る」は、鹿島の枕詞とされている。

この霰降るが、鹿島に掛けられるのは、一般には、霰降る音が、「かしましい」の「かしま」にもとづくと説明されている。

だが、『萬葉集』には

「霰降《あられふ》り　吉志美《きしみ》が嶽《たけ》を　険《さか》しみと　草取《くさと》りはなち　妹《いも》が手《て》を取《と》る（巻三ー三八五）

として、「キシム」に、霰降るが掛けられている。

或は同じく、『萬葉集』に

霰降《あられふ》り　遠《とほ》つ大浦《おうら》に　寄《よ》する浪《なみ》　よしも寄《よ》すとも　憎《にく》からなくに（巻十一ー　二七二九）

と如く、「遠《つとほ》」に掛る枕詞になっている。これらは、凡て、霰れ降る音を「きしきし」と聞き、「ほとほと」と打つ音として解していているようである。しかし、わたくしは、恐らく、「あらればしり」といわれた踏歌《とうか》に由来するのではないかと、考えている。

踏歌《とうか》は、中国から伝ったものであるが、正月の豊明《とよあか》りの日、正月の十四日の頃、行われる儀礼の一つである。その祭りは日本の伝統的な歌垣《うたがき》に類するもので、男女別々の列が、足を踏みならしながら、歌を詠い走る祭りの行事である。『釈日本紀《しゃくにほんき》』では、「必ず、男女達が、歌の終りに必ず「万年阿良礼《まんねんあられ》」と叫びながら足を踏みならしたという。この阿良礼、つまり「あれかし」が「アラレ」と呼ばれたというのである。

この踏歌がいつしか歌垣と習合して、歌垣も、後には、「あればしり」とよばれるようになった。

鹿島の地の「童子女《うない》の松原《まつばら》」も、肥前の杵島岳《きしまだけ》も、いうまでもなく、歌垣の名所であった。

因みに、先にあげた「吉志美《きしみ》が嶽《たけ》」の歌は、吉野《よしの》の仙柘《やまひめつみ》の枝《えだ》の伝承を歌ったものであるが、肥前の杵島岳の歌書きが大流行して、それをとり入れたものと考えてよい。

たとえば『仁徳記』にも

「梯《はし》立《た》ての　倉椅山《くらはしやま》を　嶮《さか》しみと　岩《いは》かきかねて　我《わ》が手《て》取《と》らすも」

という女鳥王《めとりのひめみこ》の歌が載せられるが、これは

霰降《あられふ》る　杵島《きしま》が岳《たけ》を　嶮《さか》しめと　草《くさ》取《と》りかねて　妹《いも》が　手《て》を取《と》る

という杵島曲《きしまぶり》の変え歌である。（肥前国風土記逸文）

因みに杵島岳は、佐賀県杵島郡北方《きたかた》町の比古神《ひこかみ》、比売神《ひめがみ》、御子神《みこがみ》の三峰の山である。

いづれの説に立つとしても、霰降る鹿島の神は、雷神（建御雷神《たけみかづちのかみ》）であったから、すさまじい雷鳴と共に降る霰はまことにふさわしいものがあったのではないだろうか。

第五十九話　鹿島の幣《みてぐら》

初国知らし《はつくにしらし》美麻貴《みまき》の天皇《すめらみこと》（崇神天皇）の時に、鹿島の神に対して、次のような数々の武具が、幣《みてぐら》として献ぜられたという。

幣《みてぐら》は、神に献ぜられる品物である。「ミテグラ」は、御手座の意であるという。

大刀《たち》十口《じゅっこう》、鉾《ほこ》二枚《にまい》、鉄弓《かなゆみ》二張《にはり》、鉄箭《かなや》二具《にぐ》、許呂《ころ》四口《しこう》、枚鉄《ひらかね》一連《ひとつら》、練鉄《ねりがね》一連《ひとつらね》、馬《うま》一疋《いっぴき》、鞍《くら》一具《いちぐ》、八咫《やた》の鏡《かがみ》二面《にめん》、五《ご》色《しき》の絁《あしぎぬ》《ふとぎぬ》一連《ひとつら》が、その幣の内容である。

いうまでもなく古代では、剣《つるぎ》と刀《かたな》《とう》は区別されており、剣は両及《いらうば》の刀であり、刀は片及《かかだ》の刀である。

剣は専ら棘し殺す武器であり、刀は切る武器である。たゞ、両者はしばしば混同されて記載されることが少くないので、この大刀は「剣」であるかもしれないと思っている。なぜなら古い時代は専ら剣が用いられることが多いからである。

鉾は、勿論、武器であるが、神に奉献される鉾は、神の依代《よりしろ》とされるのである。

「ホコ」の「ホ」は、一番先端にあるものを指す言葉である。焔《ほのう》の「ホ」、稲穂《いなほ》の「ホ」、〃大和《やまと》は国のまほろば〃の「ほ」は、すべて最先端や優れたもの、つまりトップにあるものを意味である。御存知のように「まほろば」は、「眞《ま》ホの場《ば》」の意味で、最も優れた処の意である。

鉾は、京都の山鉾巡行の行事からお判りになられるように、鉾の穂先に神がやどられ、破邪の鉾となって、邪鬼を追いはらう役目を果す神具であった。

弓矢も「破魔の矢」の言葉が今も使われるように、破邪の武具と見做されていたようである。

『萬葉集』の
「丈夫《ますらを》の　鞆《とも》の音《おと》すなり　もののふの　大臣《おおまへのつぎみ》　楯立《たてた》つらしも」（巻一―七六　元明女帝）

の御製も、弓引いて、その弦を鞆《とも》にうちつけて、悪魔をおいはらう儀礼であったといわれている。

「許呂《ころ》」は必ずしも明らかでないが、弓矢のあとにつづいてあげられているから、弓矢を入れる胡録《ころく》かも知れない。

枚鉄《ひらがえ》は、板状にのばされた鉄の原料であろう、日本では、製鉄の技術が未熟の時代に、しばしば、新羅からこのような平たくのばされた鉄板を輸入し、これを原料として、色々な鉄製品を製作していたという。

錬鉄《れんてつ》は、高熱で、鉄を溶すことが出来なかった時代、半溶融状態にした軟鉄をいうとあるが、ここでは恐らく叩きたえられた鉄を指すのであろう。

次に馬に鞍をそえられて神に献ぜられているが、それは馬の鞍《くら》には、神がやどられると考えられていたからである。「クラ」は「神坐《かみくら》」が原義である。これが、いわゆる神馬《しんめ》の起源であろう。

八咫の鏡の「咫」は、長さの単位で、親指と中指をひろげた長さをいうようである。たゞ、古代の「八」は多いの意を含むので、ここでは大きな鏡と解してもよい。八咫鏡は、三種神器の一つにあげられるように、神鏡の美称と解される。

五色の絁《あしぎぬ》《ふとぎぬ》は、五行説の青、朱（赤）黄、白、黒（玄）の五色に染められた絁であろう。絁は紬《つむぎ》の類である。これらが鹿島の神への幣とされるが、これが、御肇国天皇《はつくにしらすのすめらみこと》と称された崇神天皇から始まるといい伝えられていたのである。

第六十話　大坂《おおさか》の神《かみ》の託宣《たくせん》

鹿島の神に、幣が献ぜられる由縁を、『風土記』には、次のように述べている。

崇神天皇が、大坂山《おおさかやま》の頂《いただき》で、白細《しろたへ》の御衣《みころも》を着《つけ》られ、白桙《しらほこ》を持った神にお会いになられ、託宣をうけられたというのである。

『崇神紀』にも、天皇の夢に、神人が現れ、赤楯《あかだて》と黒矛《くろほこ》を以て、「大坂の神」を祀れとお告げがあったと記している。

（崇神天皇九年三月条）

この大坂は、現在の奈良県香芝《かしば》市穴虫《あなむし》、逢坂《おおさか》であるが、二上山《ふたがみ》の北側を越える坂道といった方がお判り易いであろう。大和盆地から河内国に抜ける交通の要衝地であった。

ところで、この大坂には、式内杜の大坂山口神社が祀られているから『風土記』にあらわれる神は、この神を指すのであろう。

この神が、美麻貴《みまき》の天皇《すめらみこと》、即ち、崇神天皇に、次のように託宣されたという。

「我《あ》がみ前《まえ》を治《おさ》めまつらば、汝《いまし》が聞《きこせ》し看《め》さん食国《おすくに》を大国《おほくに》、小国《をぐに》を、事依《ことよ》さし給《たま》はむ」

「我がみ前を治む」とは、神の御前で丁重に祀ることである。「汝が聞《きこ》し召《め》す食国」とは、崇神天皇が統治される国の意である。「聞し召す」はお治めになることである。

『萬葉集』にも

「高御座《たかみくら》　天《あま》の日嗣《ひつぎ》と　天皇《すめろぎ》の　神《かみ》の命《みこと》の　伎己之乎須《きこしおす》　国《くに》のまほらに」（巻十八―四〇八九）

などと歌われているが、「聞《き》く」の尊敬語が「聞し召す」である。また、『萬葉集』に
「日《ひ》の御子《みこ》の　聞食《きこしめ》す　御饌《みけ》つ国《くに》」（巻十三―三二三四）
とあるように、本来は食事を召《め》し上《あが》ることでもあった。
「食国《おすくに》」の食すとは、地方の国魂の象徴である食物を天皇が召し上り、その国魂を身につけられることによって、その地方の統治権を得られる宗教儀礼であると解かれている。つまり「食国」とは、全国の国々を統治されることと考えてよい。「おす」は「圧す」の意も含み支配することである。「事依《ことよ》さす」は、「言依《ことよ》さす」の意で神や天皇が御命令になることである。『古事記』には、天津神《あまつかみ》が　伊邪那岐《いざなき》、伊邪那美《いざなみ》の二神に国づくりを命ぜられた時「言依《ことさら》し賜《たま》ひき」と表現している。
六月《みなづき》の大祓《おおはらい》の祝詞《のりと》にも
「安国《やすくに》と平らけく知命《しろや》し召《め》し食《お》せと、事依《ことよ》さし奉《たて》る」
と見えている。時に天皇が、「八十《やそ》の伴緒《とものお》を追集《あしつど》へ」訪問《ことと》されたということは、託宣をうけられた天皇が数多の伴緒《とものお》、つまり天皇におつかえしている、もろもろの職業集団の者達を集めて、御質問され、大坂の神の託宣は一体如何なる内容かをはかられたのである。すると、大中臣《おおなかとみ》の神聞勝《かみききかつ》の命《みこと》が、「大八島国《おおやしまぐに》」を、汝《いまし》、つまり、崇神天皇が支配されるとおおせになったのは、大坂の神の口をかりられた香島の国に坐《いま》す大御神《おおみかみ》が「挙教」したおさとしだと告げたという。天皇は　恐《かしこ》み驚《おど》らかれ、幣《みてぐら》を香島の神に　捧げられたというのである。「挙教《きょきょう》」の「挙」は、「ものいう」ことであろう。「曲礼」に「主人問《しゅじんと》わざれば、客先《きゃくま》ず挙《いわ》ず」と見えている。挙教は、自ら言葉を出して教えられたという意味であろう。

第六十一話　鹿島《かしま》の神戸《こんべ》

大中臣《おおなかとみ》の神聞勝《かみききかつ》の神《かみ》は、大中臣氏のなかで、とりわけ神の託宣を聞くのに勝れた人物の意である。「勝」は「まさる」の意である。「太秦」を「ウヅマサ」と呼ぶのも、優れた糸、綿、絹布を山の如く積《つ》み重ねて天皇に献上した故事にもとづくように、「マサ」は、「非常にすぐれる」の意である。(『新撰姓氏録』左京諸藩上、太秦公宿祢《うづまさのきみすくね》条)

中臣の姓の由来は、神と人間との中《なか》に立つて、神の託宣をひとびとに伝えることから起るという。

この中臣が最高神と斎く神が、香島の神であったわけである。

香島の神は、香具山《かぐやま》のある島の神《かみ》の意であろうと、わたくしは、考えている。

天の香具山は、天の神坐《かぐら》の山の意である。神坐《かみくら》とは、天より降られた神が鎮座されることである。

大和三山は、天《あま》の香具山《かぐやま》、耳成山《みみなし》、畝傍山《うねび》の三山をいうが、そのうち、東に位置する天の香具山が特に、「天の」という言葉に冠せられている。それは天神の降臨される最も神格の高い山であったことを示していると考えるべきであろう。

因みにこの天《あま》の香具山は、『崇神紀』十年九月条などには、「香山」とも表記されているのである。

奈良時代の「大倭正税帳《やまとのしょうぜいちょう》」にも、「香山」と見えるから、「香島《かしま》」本義も、「かぐしま」と考えてよいだろう。

『風土記』にも

「高天《たかまがはら》より降《ふ》り来《小》し大神《おおかみ》」の名は、「天《あめ》の香島《かしま》の天《あめ》の大神《おおかみ》」、又は「豊鹿島《とよかしま》の宮」と呼ばれていたと記されている。

いうまでもなく、島は水に囲まれた処の意である。

『萬葉集』には

「天降《あも》りつく　天《あめ》の香具山《かぐやま》」（巻三―二五七）（巻三―二六〇）

と天の香具山は、「天降《あもり》つく」が枕詞として用いられている。香島も、その意味から天神の神坐《かぐら》の島《しま》と解してよいであろう。

この香島の神の神戸《かんべ》は「六十五烟《えん》」であると記されている。因みに、烟は「戸」と同じ意である。もとは神戸は八戸に過ぎなかったが、孝徳天皇の時代に五十戸、天武天皇の御代に更に九戸が加えられた。しかし、持統天皇の庚寅《こういん》の年（六九〇）に二戸減らし、合計六十五戸とされたのである。

神戸《じんこ》は神戸《かんべ》、又は「カウベ」とも呼ばれたが、神封《じんふ》とも称している封戸を神社を維持修理のため、朝廷から与へられたものである。一戸の田祖《でんそ》、調庸《ちょうよう》が神社の収入となるのである。

延暦十七年（七九八）当時の神封は、「伊勢神宮は一千百卅戸、宇佐《うさ》八幡宮が一千六百六十戸」として多いが、鹿島神に就ては「百五戸」とあり、「神賤戸《しんせんこ》　五十烟《えん》。課《か》六百八十五人　不課《ふか》二千六百七十六人」と記るされている。

この賤戸は、賤民の戸で、普通の神戸より隷属性の強いものであろう。

神封百戸を超すのは、越前の気比神《けひのかみ》二百四十四戸、大和の大和《おおやまと》神社の三百廿七戸、摂津《せっつ》の住吉《すみよし》神社　二百卅九戸のみである。出雲の杵築《きづき》神社（出雲大社）も六十一戸とあるので、鹿島の神々の朝廷の対遇は、かなり高かつたといってよいであろう。

第六十二話　鹿島の宮の造営

『風土記』には、

「淡海《おうみ》の大津《おおつ》の朝《みよ》に、初《はじ》めて使人《しじん》を遣《つか》わして、神《かみ》の宮《みや》を造《つく》らしめき」

と記るされるが、「淡海の大津の朝」は、『舒明紀』に、「近江大津宮御宇天皇《おおみのおおつのみやにあめのしたしろすめすすめらみこと》」（元年四月条）と称せられる天智天皇である。

白村江の戦で、唐、新羅連合軍に大敗し、その体制立てなおすため、都を畿外の近江の国の大津に移されたのである。（『天智紀』六年三月条）

『萬葉集』の額田王《ぬかたのおおきみ》が

「奈良山《ならやま》の　山《やま》の際《ま》に　い隠《かく》るまで　道《みち》の隅《くま》　い積《つも》るまでに　つばらにも　見《み》つつ行《ゆ》かむを」（巻一―十七）

の歌は、故郷の大和を離れて、畿外の近江の大津へ移る時の惜別の歌である。

この天智天皇の時代に、藤原氏が斎く鹿島神宮を国家の手で造営するのは、恐らく、藤原鎌足に対する天智天皇の恩寵と東国鎮圧の願いをこめられたものであろう。天智天皇は、天智天皇八年（六六九）十月に鎌足の病の重きを憂えられ、自ら鎌足の家に赴かれ、所謂、「積善余慶《せきがんよけい》」の詔を賜った。ついで皇太弟の大海人皇子《おおあまのみこ》（後の天武天皇）を更び遣《つか》わされ、鎌足に大織冠《だいしょくかん》と大臣《おおおみ》の位を授けられている。

鎌足は、それより間もなく、十月十五日に薨じたが、天皇は特に、金の香炉を下賜されている。

このようなの天智天皇の鎌足に対する特殊の対遇の一貫として、藤原氏の氏神の国家的な造営がはじめられたのであろう。勿論、それと共に、国難を切り抜けるため、鹿島の神の加護を祈られる意味も含まれていたのだろう。

これとともに、藤原氏の氏寺も厚遇されていたようである。藤原氏の氏寺は、山階寺《やましなでら》（後の興福寺）であるが、この寺に与えられた寺封も、千二百戸にのぼっている。これは奈良末期の宝亀十一年（七八〇）の記録であるが、因みに東大寺五千戸、飛鳥寺千八百戸につづく、厖大な封戸が施入されていた。（『新抄格勅符《しんしょうかくちょくふ》』）

因みに、神護景雲二年（七六八）には、春日の三笠山の麓に春日大社が創建され、祭神として、鹿島の武甕槌《たけみかづち》（建《たけ》御雷《みかづち》）の神、下総香取《かとり》の経津主神《ふつぬしのかみ》、及び河内の枚岡《ひらおか》の天児屋根《あまのこやね》の神《かみ》、比売神《ひめがみ》の四神が合祀されたが、そのなかでも、鹿島の神が筆頭の神と位置づけられた。

ところで、この鹿島杜は、古くから廿年ごとに造営されることになっていたという。『日本書記』に住吉神社、香取杜と、鹿島杜は「廿箇年を隔《へだ》てて、一たび皆、改め作る」（『日本書記』弘仁三年六月条）と見える。廿年毎に建て変えるのは、伊勢神宮でも同じである。廿年の改築が神社の旧例であったようである。

古い堀立様式を残す神社にあっては、廿年が、ほゞ建て変えの時期に当っていたからであるろう。

それに対して、寺院は立派な礎石をならべて、その上に柱を建て、屋根には陶製の瓦をならべるから、神社に較べて、はるかに長持したのである。一方、神社は、弥生時代の米倉を原型として、屋根は板葺か、木肌をならべる程度の建物であったから、一世代、廿年毎の改築を必要としたのである。たゞ、神社の古い形式は、そのまま伝統的に守られ、昔の姿を長くとどめていた。

第六十三話　〝あらさか〟の酒

香島の神に、毎年七月に、舟を造って、津《つ》の宮《みや》に献ずる行事が行われていた。

古老がいうところによれば、倭武の天皇の御世に、鹿島の神が、中臣の巨狭山命《おさやまのみこと》に神託して、神の御舟の管理を命ぜられたことに、はじまるといわれている。

ところが、巨狭山命《おさやまのみこと》に夜明けに、神の託宣にくだり、お前に管理をまかせた舟は、海の中にあるぞと告げられたので、巨狭山命《おさやまのみこと》が、あわててよく調べて見ると、その舟は、神のお託げ通りとは逆に、岡の上に置かれていたという。

また、しばらくして、再び託宣が下されたが、舟は岡の上に置いたといわれたが、よく見ると逆に、舟は海に浮かんでいたのである。

かかる不可思議のことが何度も何度も繰返されたので、巨狭山命は、神が舟の移動を自由にあやつる超能力にすっかり「懼《おそ》れ惶《かしこ》」んで、長さ二尺ばかりの船を、三隻を新造して神に献じたというのである。

この話は、「鹿島御舟祭《おふなまつり》」の起源を説く物語であるという。

『鹿島神宮杜例記』にも、「七月上旬の祭礼」とあるように、かつては七月七日、十日、十三日の三日間に行われた祭である。因みに現在では、九月一日からはじめられると改められている。その二日目には御船祭《みふねまつり》と称し、大船津《おおふなず》より、神輿を乗せた御本船を先頭に、多くの舟がつきしたがい、千葉県津の宮岸に至るのである。そしてその翌日は本宮に還御されると定められていた。

この御舟祭は、御軍祭《みいくさまつり》とも呼ばれるが、明治の中ば頃より丑《うし》の年毎に、執行されるようになった。
この祭りの起源に関ったとされる、中臣の巨狭山命《おさやまのみこと》は、『尊卑分脈《そんぴぶんみゃく》』には、中臣鹿島連《なかとみのかしまのむらじ》の祖と伝えられている人物である。因みに、「常陸国鹿島郡の中臣部《なかとみべ》の二十烟、占部《うらべ》五烟に中臣鹿島連《なかとみかしまのむらじ》の姓《かばね》を賜う」（『続日本紀』天平十八年（七四六）三月条）と見えるように、天平十八年に、鹿島郡の中臣部や占部の首長層がはじめて、中臣鹿島連を賜姓されているのである。

ところで、『風土記』によれば、この地域では、毎年、旧暦の四月の十日には、卜《うら》（占）部《べ》の一族達は全員つどいて酒宴を開くのが、恒例であったそうである。その日には、卜部に属する男も女も、皆な総出で、一日中、飲み、歌い、楽しんだのである。

その時の歌の一つは、

「あらさかの　神《かみ》のみ酒《さけ》を　飲《のみ》けど　言《い》ひけしばかもよ　我《あ》が酔《え》ひにけむ」

というものであった。神の御酒だから、飲めよ飲めよと、皆から、すすめられるので、わたくしはすっかり酔ってしまったというのが、歌の大意である。

この歌に見える「あらさかの」は、神や神酒をたたえる枕詞の一種であるが、「あら」は新しの意であり、「さか」は「栄える」の「サカ」である。

神前において、新しくかもされた神酒《みき》を、一族のものがお互に飲み交すのは、一種のインカネーション（同体化）の儀式であるといってよいであろう。

これによって、一族の連帯意識を強めると共に、奉祭する神との結合を確認する酒宴の祭であった。

第六十四話　神仙の境《くに》

香島（鹿島）の杜《やしろ》に筆が及ぶと、『風土記』の文章は、一段と、佳麗な文章で綴られている。

社《やしろ》に奉仕する卜部《うらべ》のひとたちは、

「嶺《みね》の頭《ほとり》に舎《いえ》を構《つく》りて、松《まつ》と竹《たけ》と垣《かき》の外《そと》を衛《まも》り、谿《たに》の腰《こし》に井《い》を掘《ほ》りて、薜蘿壁《つたかづらかべ》の上《うえ》を蔭《かく》す」

と記し、まさに「神仙《かみ》の幽居《かくりす》める境《さかい》、霊異《くしび》の化誕《なりい》づる地《ところ》と謂《い》ふべし」と極言している。

このように、香島の杜の地は、まさに神の住まわれる境《くに》であると極言している。

『常陸国風土記』の総説に、常陸国を「常世《とこよ》の国《くに》」と記しているが、これとまさに、照応するものといってよいだろう。

特に、松や竹をここに配して記るすのは、松は長壽を象徴すると共に、松籟《しょうらい》は仙境に、吹きわたるさわやかな松風を現わしている。

また〝松筠《しょういん》〟と表記すれば、「松と竹」をあらわすが、転じて節操の意となる。因みに「筠《いん》」は、竹のはだの堅い部分である。

或は、竹渓《ちくけい》の六逸《りくいつ》と称されるように、竹渓は唐の李白ら六人が、山東省の泰安県《たいあんけん》の祖徠山《そらいざん》で社を結すび、好んで隠逸の生活を過ごした処である。

また、薜蘿《へいら》は「まさきのかづら」と「つたかづら」の意であるが、中国では仙人の衣服をまた薜蘿と称しているのである。

このように、『風土記』の執筆者、恐らく、藤原守合であろうが、鹿島の地を、『文選』風の衒学的な文章で神仙の世界の描写に努めている。

この鹿島杜の南には、「沼尾《ぬまお》の池《いけ》」があったという。

古老は、この池は、神代より、天より流れ来た水沼《みぬま》だと称していた。

そして、この池の蓮《はちす》は、「甘《あま》きこと他所《あだしところ》に絶《すぐ》れたり。病《や》める者《もの》、此《こ》の沼《ぬま》の蓮《はちす》を食《くら》へば、早《はや》く差《い》えて験《しるし》あり」と伝えられていた。

この沼尾の池は、現在の鹿島市沼尾の沼尾神社の西の池であるという。たゞ、『新編常陸国誌』には、「今、水涸テ深泥田トナル」と記るされているように、残念ながら、昔の面影は、既に失われている。

それより、先の鎌倉時代の『夫木集《ふぼくしゅう》』巻廿三にも、「いまはなきふるごと（故事）なり」と嘆くように、既に霊妙な蓮はみられなかったようである。

ところで「連房《れんぼう》」は蓮の実の外笣であるが、漢方薬では、腰痛や産後の胎衣の下らざを治すといわれているから、薬用として古くから用いられていたのであろう。

勿論、『風土記』が強調している点は、そのような蓮を産出する沼が、天から流れて出来た聖なる池だということである。その神仙な様《さま》を証するために、ことさらに蓮の薬能を引き合いに出したのであろう。

また、その末文に、「多《おお》くの橘《たちばな》を蒔《う》えて、其《そ》の実味《みうま》し」と見えるのも、橘が、「常世」の果実であったからである。

『古事記』には、垂仁《すいにん》天皇の御代、多遅摩毛理《たじまもり》（田島間守）は、〝常世の国〟から、非時《ときじく》の香の実をもたらしたと記しているが、「是《こ》れ今の橘なり」と注されている。

第六十五話　雷《いかっち》の神

香島の郡衙《ぐんが》（郡家《ぐうけ》）の東、二、三里のところに、高松《たかまつ》の浜《はま》と呼ばれるところがある。海水に運ばれた砂や貝が堆積して、小高い丘をなした処である。ここは現在の鹿島市東部の下津、平井などの砂丘に比定されているが、この地が『風土記』に取上げられたのは、次のような話が伝えられていたからである。

それは、慶雲元年（七〇四）に、常陸国の国守であった綵女《うねめ》（采女《うねめ》）朝臣が、鍛治《かぬち》の佐備大麻呂《さびのおおまろ》達を率いて、若松《わかまつ》の浜《はま》で鉄を採《と》り、剣を造ったところであった。

この、若松の浜は、神栖市神栖町《かみすまち》の神の池《こういけ》の東南にひろがる丘陵地を指すが、現在でも、そこから、金屎《かなくそ》が少なからず出土するから、ここにおいて古代に製鉄が行われたことは事実と考えてよいであろう。

常陸国司の采女朝臣《うねめのあそん》は、具体的には誰であるかは判らない。ただ『続日本紀』には、慶雲元年の正月に、従六位上の采女朝臣枚夫《うねめのあそんひらふ》は従五位下を授けられている（『続日本紀』）。従五位下の相当官は国の国司の相当官守であるから、或はこの枚夫《ひらふ》が、『風土記』に見られる常陸国守であったかも知れない。

ところで、「鍜部《かめちべ》」であるが、『日本書紀』の綏靖即位前紀に、既に「倭の鍜部、天津眞浦《あまつまら》」が見えるが、この「マラ」は「閇《まら》」で、陰茎を指し、製鉄の踏鞴《たたら》の鞴《ふいご》の管を象徴したものといわれている。実際の人名というより製鉄の神や、或はそれに従事する人物を、一般に「マラ」と称したと考えられている。

考古学の知見によれば、日本では弥生時代の終り頃から、古墳時代の初めの頃にかけて、朝鮮半島の蝦治の技術が導入され、次第に日本でも普及していったと、考えられている。その場合でも、その多くは砂鉄よる製鉄であったようである。

たとえば、『出雲国風土記』の飯石郡の波多《はた》の小川や、飯石《いひし》の小川には、「鉄」を産すと註記されているのは、その産地をことさらに顕示しているといってよい。

奈良時代に入ると、製鉄は奨励されていたから、国司の采女朝臣も率先して、鉄の原料の入手に努めたのであろう。

このように香島の郡に、製鉄の話が伝えられているが、これはこの香島の神が先に述べたように、「剣の神」と見做されていたことと、わたくしは無関係なものでは無いと思っている。

特にこの若松の浜は「香島の神山」とされているのである。建御雷神《たけみかづちのかみ》は、本来はその名が示しているように、猛々《たけだけ》しい雷《いかづち》（厳つ霊《いかち》）の神であったが、ひとびとは雷が大木などを、雷光と共にたちどころになぎ倒し、切り裂くことを見て、次第に鋭利の剣と同一視するようになっていったのである。

より具体的にいうならば、破邪の剣の剣先にやどられる神と見做すようになったといってよい。それが、「神武即位前紀」に見える「韴霊《ふつのみたま》」そのものである。それ故、大国主命と国譲りの交流におもむいた建御雷神は、伊那佐《いなさ》の浜に、十掬剣《とつかのつるぎ》を逆《さかしま》に立て、剣の先に趺《あぐら》を組み、対峙されたのである。

また、フツノミタマの「フツ」は、物を「フッ」と断ち切ることと共に、神の降臨、つまり「降る」を意味していたのである。

第六十六話　安是《あぜ》の乙女《をとめ》

若松の浜より、南の松山の中に、大きな沼があった。これを寒田《さむた》と呼んでいた。

現在では、寒《かん》の池《いけ》が訛って、神池《こうのいけ》と称しているが、この池には、その名にふさわしい伝承が伝えられていた。

昔、那珂《なか》の寒田《さむた》の郎子《いらつこ》と呼ばれる若者がいた。彼は、海上《うみかみ》の安是《あぜ》の嬢女《おとめ》が佳麗な乙女であるという噂を耳にし、一刻も早く、逢いたいと願っていた。

その待ちに待った願いは、嬥歌《かがい》（歌垣《うたがき》）の場で、遂に実現することとなるのである。

郎子《いらつめ》は、嬥歌で乙女と会うと、すぐさま、

いやぜるの　安是《あぜ》の小松《こまつ》に　木綿垂《ゆうし》でて　吾《わ》を振《ふ》り見《み》ゆも　安是《あぜ》の小島《こじま》はも

と歌った。それに対して、乙女は嬉びをかくしきれずに

潮《うしお》には　立《た》たむと言《い》へと　汝夫《なせ》の子《こ》が　八十島隠《やそじまかく》り　吾《あ》を　見《み》さ走《ばし》り

と歌をかえしたのである。

郎子《いらつこ》の歌は、「海上《うなかみ》の乙女《をとめ》が、手にしにた安是《あぜ》の小松《こまつ》に木綿《ゆう》をかけ、わたくしに向って、振りながら舞っている。わたくしの恋の心をゆすぶるように」という意である。

それに対して女は、「あなたは潮が引いたり再び押しかえすような、常に移動をくりかえしている歌垣の中にいらっしやるけれど、あなたが、わたくしをじっと見つめているので、すぐに、あなたが判りますよ」と答えたのである。

そして二人は、人目を忍んで歌垣の場を離れて、松の下にかくれて、お互の気持を告白し合ったのである。じっと、抱擁し合う二人はいつしか時の立つのを忘れ、「語《かた》らいの甘《あま》き味《あじ》に沈《おぼ》れ」、夜の明けるのも知らぬ有様であったという。

そのため思わずその姿をひとびとの目にさらすこととなると、二人は急に愧《は》じて、忽然として松の樹に化してしまったのである。それによって、郎子は、「奈美《なび》の松《まつ》」と呼ばれ、乙女は「古津《こつ》の松《まつ》」と名づけられたというのである。この「ナビ」の松は、勿見《なみ》、つまり、「見るなかれ」の意と解されているようであるが、わたくしは、それと共に神奈備《かんなび》の「ナビ」で、「隠れる」の意であったのではないだろうかとも考えている。

これに対して、「古津《こつ》の松《まつ》」の「コツ」は、木屑《こくず》の卑称と一般には註されているが、わたくしはそれより寧ろ「惚」の一文字を当てたいと思っている。「惚」は、心を奪れ、うっとりする有様をいうからである。

ところで、この歌垣の物語は、寒田《さむた》の男と、海上《うなひ》の安是《あぜ》の乙女が結ばれる話を主題としているが、恐らく、この物語の背景には、香島郡が、那賀《なか》の国造の寒田より北の五里と、下総国の軽野より南の一里を併せて成立したという「神郡」の成立事情を、神話的に語り伝えたものではないと、わたくしは考えている。また、安是の嬢女《いらつめ》の「安是」は、『風土記』に、「下総と常陸の堺なる安是《あざ》の湖《みずうみ》」と記すように安是の湖附近の地名であろうが、一説には浅瀬《あさせ》が原義とされている。だがわたくしは、この歌垣の場から推して、ことさらに「安是」の嬢女と称するのは、「アセ」は地名と共に、「吾が背《あぜ》」の意を附加したものではないかと想像している。

『古事記』の倭建命《やまとたけるのみこと》の物語にも、「尾張《おはり》に　直《ただ》に　向《むか》へる　一つ松《ひとつまつ》　阿勢《あせ》を」として、一つ松を、吾背《あせ》をと呼んでいるからである。

第六十七話　白鳥の池

香島郡の郡衙の北、三十里ばかりの処に、白鳥《しらとり》の里と呼ばれる処があった。

古老は、白鳥の里の地名の由来を、次のように伝えている。

垂仁天皇の御代に、白鳥が天より飛来して女の姿に化した。その乙女は、日中は一生懸命、石を拾って、水をせきとめて池を造ろうとしていたという。だが、夕辺になると、また白鳥と化し、天に帰っていくのである。

それを毎日毎日繰返していたが、いたずらに年月がたつと、積み重ねた石の堤は崩れて、池は、遂に完成しないで終わってしまった。

それを見て、乙女に化した白鳥は、

「白鳥《しらとり》の　羽《は》が堤《つつみ》を　つつむとも　粗斑《あらふ》　眞白《ましろ》き　羽壊《はこ》え」

と歌って、天に飛んでいき、ふたたび地上に舞もどらなかったと伝えている。そのため、この地を白鳥の里と称するようになったのである。おそらく、これは天の神が、地上にも憩いの場を求めたが、結局は失敗して、あきらめたという話を物語るものであろう。ところで、この白鳥の里は、『和名抄』にいう鹿島郡白鳥郷で、現在の茨城県鹿島郡太洋村の南西部の地に比定されている。

だが、それを嘆いた白鳥の歌の一節は、解釈において、や、明確化を欠いているようである。

一説には「粗斑　眞白き　羽壊え」と訓んで、

「あらい斑文《はんもん》の羽《はね》、眞白羽《ましろきはね》が壊《こわ》れて」と解されているがまた「在《あ》らふ　間《ま》も憂《う》き」と訓む試案も出されていて、必ずしも定説が見られないのである。

それは兎も角として、白鳥が天から降って乙女に化すという伝承は、日本の古代に於いては、左程、稀しいものではなかった。

たとえば、近江の国、伊香郡与胡郷《いかぐんよごのさと》の伊香《いか》の小江《おうみ》に、天の八乙女《やをとめ》が、白鳥となって、湖の南の津で浴《かわあ》みしたと伝えられている。(『帝皇編年記』)この与胡郷《よごごう》は、滋賀県伊香郡余呉村《よごむら》で、湖はいうまでもなく、余呉《よご》の湖《うみ》である。

日本では古くから白鳥は、天に在《い》す神の託宣を地上にもたらす霊鳥と見做されていたが、いつしか中国の神仙思想の影響によって、羽衣の天女の化身とみなされるようになっていった。『駿河国風土記』逸文の有名な三保《みほ》の松原伝承には、羽衣を身にまとう天女の姿に描かれているのは、衆知の事と思う。

三保の松原の話は、先の余呉の湖と極めて類似し、同じ系統に属するものと考えられるから、この二つの伝承は白鳥が、次第に天女として語られていったことを示していると考えてよいであろう。

また、『古語拾遺』には「今、衣《ころも》を白羽《しらは》と称す」と記しているが、この点にもとづいて考えて見ると、白鳥が自らの羽を用いて堤を築くとあるのは、『風土記』に見える常陸国久慈郡太田郷《くじぐんおおたごう》に見える綺田女命《かむはたひめみこと》の物語に類する伝承が白鳥の里に存在していたのではないだろうかと想像されるのである。

綺田女命の「綺」は、「あやぎぬ」の意であるが、綺田女命は「神機姫《かむはたひめ》」の意で、服部《はとりべ》が祀る織物の女神である。

つまり、服部集団の築堤失敗の話が、いつしか白鳥に仮託され、美化されて伝えられていったのではあるまいか。

第六十八話　角《つの》のある蛇《へび》

この白鳥の里の南に、角折《つのおれ》の浜《はま》と呼ばれる海岸があった。

昔、この地域に〝角を持った大蛇〟がいたという。或る時、その大蛇は、東の海（鹿島灘）に出ようとして、浜に穴を掘って進んだが、どうしたことか、大切な角が折れてしまった。その話を聞いたひとびとは、そこを角折《つのおれ》の浜《はま》と呼称したのである。

だが、もう一つの伝承によれば、昔、倭 武《やまとたける》の天 皇《すめらみこと》が、この地に行幸され、御食事のための水を得ようとされて、鹿の角で地を掘られたが、その鹿の角は折れてしまったので、この地をて、角折の浜と名付けられたというのである。

この角折は、鹿島灘に面した現在の茨城県鹿島市の角折である。

興味深いことに、『常陸国風土記』に登場する蛇は、

「其《そ》の形《かたち》、蛇《へび》の身《み》にして、頭《かしら》に角《つの》あり」（『行方郡』椎井の池条）

と記るされていることである。「オロチ」の「チ」は、水霊《みずち》の「チ」と同じく、「霊《チ》の持ち主」の意である。水霊《みずち》は古くは、蛇を指すが、同様に雷《かみなり》は「厳《いか》つ霊《ち》」と称するように、非常に恐しい神を現している。「カミナリ」は「神鳴り」、または「鳴神《なるかみ》」の意で、神のおそろしい霊力をいいあらわしたものである。

それに対して、「オロチ」は、「尾を有する霊《ち》」とか、「恐《おそ》ろしい霊《ち》」と解されるように、古代のひとびとに恐怖を与える神と観念されていた。そのため、しばしば、奇っ怪な姿として描かれたのである。

御存知のように、『古事記』の「八俣《やまた》の遠呂智《おろち》」は、八つの頭をもつ荒ぶる神として出現するのである。『常陸国風土記』の、頭に角をいたゞく蛇も、そのような霊威を有するものであろうが、どうした訳が、『常陸国風土記』の角のある蛇は、充分にその霊威を発揮することが出来なかった。そればかりでなく、あわれな姿をさらすことも少くないのである。先に見たように、行方郡の角のある蛇、夜刀《やと》の神は、箭括《やはず》の麻多智《またち》や壬生連麿《みぶのむらじ》の武力の前には、あえなく退散し、山の上に追いやられている。

香島郡の角折の浜の大蛇も、穴を掘るのに失敗し、霊力のもとになる頭の角を折ってしまい、ひとびとから「角折《つのおれ》」と揶揄されているのである。

その背景には、奈良時代に入ると、特に教養のある文人的官僚は、俗信や迷信に、次第に批判の目をむけていくようになった趨勢が存在していったのだろう。

一般の民衆にとっても、早速、蛇は、水を司る神として尊崇されるよりも、敬遠されていったようである。たとえば、『豊後国風土記』は、西海道節度使に任ぜられた藤原宇合《うまかい》が編纂に関わっているようだが、その『豊後国風土記』を繙いても、直入郡の球覃《くたみ》郷（大分県直入郡久住町直入町附近）の条では、景行天皇が奉膳《かしはで》に命ぜられて、泉の水を汲まれたが、その泉には　蛇霊《おかみ》が住みついていたので、天皇は

「必ず臭《くさ》かりなむ。な汲《く》み用《もち》いしめそ」

といわれて、御使用にならなかったという。その臭泉《くさいずみ》が球覃《くたみ》の地名の由来であると記している。

ここでも大蛇《おろち》は、すでに嫌悪の対象であって、霊異そのものとは見做されていないのである。

第六十九話　百人と貝塚

さて那賀の郡に話を進めていきたいが、この郡は、「那賀」の名が示するように、常陸国の中央に位置しているのである。

現在の水戸市を中心に、ひたちなか市、東海村、那珂町、茨城町などを含む地域である。

この郡の行政の中心であった郡家《ぐうけ》（郡の役所）は、水戸市渡里町の長者山か、同じく水戸市河和田町附近などに比定されている。

那珂郡《なかぐん》という郡名は、全国に少なからず見られるが、たとえば武蔵国の那珂郡の「ナカ」は、賀美郡《かみ》、つまり「上《かみ》」に対するものといわれている。因みに、武蔵国の那珂郡は、現在の埼玉県児玉郡美里町《みさと》を中心とする地であるが、武蔵国の国分寺に貢進された瓦にも、那珂郡の印には「中」と記るされているものが、出土している。

常陸国の場合も、この那賀（中）に対する郡名は、常陸国の最北部の多珂郡、つまり「高《たか》」郡や、常陸国の最南部の信太郡《した》、つまり「下《した》」ではないだろうか。『国造本紀』に、「多賀」を「高」の文字を当てているからである。

ところで、平津《ひらつ》の駅家《うまや》の両方に岡があって、大櫛《おおぐし》と呼ばれていたという。

平津の駅家は、水戸市の平戸に比定されているが、『延喜式』には、榛谷《はりや》、安侯《あご》、河曲《かわわ》、河内《かわち》、田後《たじり》、雄薩《おさつ》の駅家をあげているが、平津の駅家は、既に見られないのである。

那賀郡には、河内駅家が存在しているが、この河内駅は、那賀川沿いに置れたいたので、かつてその近くにあった平津の駅は廃されたのではないだろうか。

この平津の駅家の西方の岡があり、大櫛《おおぐし》と呼ばれていた。いうまでもなく、現在の水戸市塩崎の大串《おおぐし》貝塚を指しているが、『風土記』には、それにまつわる次のような巨人伝承が、語られているのである。

昔、「躰《からだ》は極《きわ》めて長大《たけたか》」な、巨人が住んでいたが、身体は壟丘《ろうきゅう》の上に居ながら、手ははるかに離れた海浜にとどく程であったと伝えている。

この巨人が、毎日の食糧として、蜃《おおうむき》をとっていたが、その食い残した貝殻はうづたかく堆積して、巨大な丘をなしたというのである。この丘は、大蛤を海浜から多くほじくり出してつくられた丘であったから、ひとびとは、「大挎《おおくじ》り」の意味で、大櫛《おおくり》の丘《おか》と呼んだという。

また、その巨人の踏みつけた足跡は後世まで残り、長三十余歩、広さは廿余歩あったと伝え、又、屎《ゆまり》の穴は、直径、二十余歩ばかりあったという。この一歩を百五十センチの計算ですると、足の長さの三十余歩は、四十五メートル以上になる。巨人の食したという「蜃」は大蛤のことである。因みに世にいう「蜃気楼《しんきらう》」は、巨大な蛤が吐く息《いき》で、幻想的な高楼や域郭が出現するという中国の伝承にもとづくものである。

日本では、古く「蛤」を、「ウムガヒ」と呼んだことは『古事記』の大国主神の甦生の物語に見えているから、御存知のことであろう。ところで、巨人が住む「丘壟《きうろう》」は単なる丘でなく、墳墓の意味であろうと、いわれているが、大串古墳群の存在から見て、その説に従うべきであろう。なぜならば、「壟塋《ろうえい》」に土を盛った墓の意味であるからである。

第七十話　ヌガヒコ

茨城《うばらぎ》の里の北に、晡時臥山《くれふしやま》がある。

古老に云うところによると、昔、奴賀毗古《ぬかびこ》と奴賀毗売《ぬかひめ》という兄妹がいたという。

その妹の奴賀毗売《ぬかひめ》に夜な夜な求婚《よばい》におとづれる男がいた。その男は、常に夜来《よきた》って昼《ひる》は去ていったが、奴賀毗売《ぬかひめ》は遂に懐妊して、小さき蛇を生んだのである。

その蛇の子は、日中は、一切、口をきかなかったが、夜に至ると、母といろ〳〵と話を交したという。

そこで、奴賀毗古《ぬかびこ》と奴賀毗売《ぬかひめ》は、蛇の子をを、浄き瓫《ほとぎ》に入れ、壇を設けてこれを祭った。

しかし一夜のうちに、蛇の子は瓫《ほとぎ》からあふれる程に成長していった。そこで、更び大きな瓫《ほとぎ》に入れ変えると、それも一夜にして蛇の体が入らなぬ程になっていった。そのようなことが、毎夜繰り返され、蛇の子のぐんぐん大きく成長するのを見て恐怖を感じた奴賀毗古《ぬかびこ》は、その蛇の子に向って、蛇の父親の許に帰ってくれと請願する。

もう、自分たちの力《ちから》をもってしては、到底やしなうことは出来ないと告げたのである。

これを聞いて悲しんだ蛇の子は、それならば、ひとりの小子《わらわ》を副えてくれるならば、ここから去って行こうと条件を出してきた。

だが、母の奴賀毗売《ぬかひめ》は、この家には、わたくしと兄の二人しかいないので、お前の要求する人間はいないと拒否せざるを得なかったのである。

その母の言葉を聞いて、蛇の子は怒り狂って、伯父の奴賀毗古《ぬかびこ》を震殺《ふるひころ》してしまった。母の奴賀毗売《ぬかひめ》は、余りの怖しさに、思わず瓮《ほとぎ》を蛇の子めがけて投げつけたのである。

瓮《ほとぎ》をなげつけられた蛇の子は、それによって天に昇る力を失って、哺時臥山《くれふせやま》にとどまったというのである。

哺時臥山にとどまった蛇の子を代々祭ったのは、奴賀毗売《ぬかひめ》の子孫であると、『風土記』は記している。

この蛇の子の縁りのある瓮《ほとぎ》と甕は、今も片岡村（笠間市大橋）に遺こされているという。

この物語に登場する奴賀毗古《ぬかびこ》、奴賀毗売《ぬかひめ》の名は、恐らく「額《ぬか》づく」男と女の意味であろう。額づくというは、いうまでもなく額を地につけて礼拝することで、蛇神を慇懃《いんぎん》に祀る司祭者を現すものであろうか。

『萬葉集』にも

「大寺の餓鬼《がき》のしりへに額づくごとし」（巻四―六〇八）

とあり、心をこめて礼拝する仕草《しぐさ》を額づくと称しているのである。

ところで『新撰姓氏録』左京神別下には、雄略天皇の御代、努賀君《ぬかのきみ》が応神天皇の御陵のほとりを夜通りかかり、馬に乗るひとと、馬と交換して帰ったが、翌朝、その馬は埴輪の馬であったという話を伝えている。実はこの物語りを根拠に、この努賀君《ぬかのきみ》と『常陸国風土記』に見えると同族つまり上毛野氏の一族と見做す所見を出されているのである。

極めて興味を引くが、果してそのように見てよいか、わたくしはや丶不安をおぼえるのである。

第七十一話　瓫《ほとぎ》の呪法

『雄略紀』には、『新撰姓氏録』に伝える話と、同工異曲の話が伝えられている。それらによると、田辺史《たなべふひと》伯孫《はくそん》が娘の嫁ぐ先の家から帰る途中の夜に誉田《こんた》の陵《りょう》（応神天皇陵）の傍りにさしかかり、赤き駿馬に乗る人と出逢った。その駿馬のすばらしさにひかれて自分の馬と交換して帰ると、その赤き駿馬は、翌朝見ると、どうしたことか埴輪の馬に変っていたというのである。

この田辺史《たなべのふひと》は、現在の大阪市羽曳野市飛鳥周辺に蟠踞していた渡来系の有力氏族であるが、恐らく、彼等が伝承した物語が、後に先の努賀君の話として流布し伝播したものといわれている。

わたくしは、『新撰姓氏録』の努賀君と、先の『常陸国風土記』の努賀毗古とと直ちに結びつけるのは如何かがなものかと考えている。努賀君の努賀は氏の名であるが『常陸国風土記』の場合の「奴賀」はあくまで額づくの意からの名称と考えているからである。

それは兎も角として、晡時臥山《くれふしやま》であるが、この「晡時《ほじ》」は、午後四時を指す。日本の「申《さる》の刻《こく》」に当る「晡夕」である。晡時臥山《くれふしやま》とは、夕方の午後四時以降になると床に臥すという意味であろう。たゞ、ここでは臥すは寝ることでなく、衾《ふすま》に横たわることである。より端的にいえば、晡時《くれ》に臥した形で出現することである。

『常陸国風土記』の文章からすれば「明《あ》くれば言《こと》とはぬが若《ごと》く、闇《く》るれば母《はは》と語《かた》る」とあるように、蛇の子は晡時に祭壇に現れ、母と語ることを「晡時臥《くれふ》す」と表現したものと考えている。

古代では、蛇神が人間界を訪れるのは、昼間ではなく、暗くなる夕方以降であったからである。『古事記』に伝える三輪山伝説にも、三輪山の神は、夜半《よなか》の時《とき》にたちまち来《き》たって、活玉依毘売《いくたまよりひめ》を妊身《みごもら》したのである。いうまでもないが活玉依毘売《いくたまよりひめ》は、霊威の盛んな神が依憑する巫女を表す名称であろう。「玉依」の本義は、神の魂が憑依することであったが、それが次第に、巫女が神の子を妊身《みごもる》ことも、玉依《たまより》と称するようになったのである。

因みに、「ミゴモル」とは、身籠《みこも》るの意である。神聖な器の中に籠もることによって、新しい生命が生れ出ると古代のひとびとは考えていたのである。

『風土記』には生れた蛇の子を「瓮《ほとき》」にに入れるとあるが、「瓮《ほとき》」は「ほとき」と訓まれている文字である。「風土記」の解説書にはよく「瓮」を、「ヒラカ」と訓ましているが、ヒラカは正確には「瓫」の字である。『神武即位前紀』には、平瓫（瓫）を「ヒラカ」と訓みをつけている。この「ヒラカ」は文字通り「平《ひら》たい器」の意である。

それに対し「瓮《ほとき》」は湯水《ゆみず》などを入れる腹の太《ふと》く、口の小さな器である。『推古紀』に「瓜有《うりあ》り、おおきさ缶《ほとき》の如《ごと》し」（『推古紀』二十五年六月条）とあることからも、凡そ、瓮の姿を想像することができよう。

それ故、蛇の子が一夜にして瓮を破るのである。瓫《ひらか》では、溢れるといわなくてはならないからである。水を入れた瓮《ほとき》に蛇の子を置くのは、第一に蛇が水霊《みずち》であったからである。

それにこの瓮はもともと身籠《みごも》り聖なる器でもあったのではあるまいか。そのため、瓮の中で蛇の子は日に日に成長していくのである。それが所謂「ひたる」ことである。この言葉は成熟するとか、成長の意とされるが、原義では「日足《ひた》す」で『萬葉集』にも、「何時しかも日足《ひたら》しまして十五夜《もちづき》の」（巻十三―三三二四）と見えているように、日一日と成長することであった。

第七十二話　小《ちい》さ子《こ》

蛇の子が母の許を離るに及んで、「小さい子」を要求したという。この「小さ子《こ》」は、蛇の子の従者のようにも思えるが、わたしは寧ろ「小さ子」は、神の化身そのものであるか、或は、蛇の神の託宣を司る人物と考えたいのである。なぜならば「小《ちい》さ子《ご》」は『崇神紀』に、丹波《たんば》の氷上《ひかみ》の氷香戸辺《ひかとべ》の「小子《わくご》」の如く、「託《つ》きて言《い》うもの」（『崇神紀』六十年七月条）、つまり託宣者として描かれているからである。

古代にあっては、神託をうける者は未通女か、まだ自意識が確立する以前の無邪気な子がえらばれたのである。

それは、託宣を自らの意識で変様させることを極力避けるためであった。

このように蛇の子は、自らの託宣者を伴って行くことを望んだが、結局は、奴賀毗古《ぬかびこ》らに拒否されてしまったのである。

そのため怒り狂った蛇の子は、奴賀毗古《ぬかびこ》を震《ふり》殺してしまった。

「震殺」という言葉に注目するならば、この蛇の子は雷神的な性格を有していたのでないと、考えられる。

だが、この蛇の子は瓮《ひらか》を投げつけられて天に昇る呪力を失い、晡時《くれ》臥山《ふしやま》にとどまったのである。

この晡時臥山は、現在の水戸市、笠間市、常北町の境にある朝房山《あさぼうやま》に擬せられている。この朝房山の名称は、晡時臥山の名前から連想すれば、朝寝坊《あさねぼう》の山の意であるかも知れない。

また、この蛇の子を祭る社《やしろ》は、水戸市谷津の立野神社であろうといわれているが、大きく成長したこの蛇の子は、いわゆる「大虬《みずち》」の類であろう。

『仁徳紀』には、備中国の川島河《かわしまがわ》に大虬がすみ、人々を苦しめていた話が伝えられている（『仁徳紀』六十七年是歳条）。

この大虬を退治したのは、笠臣県守《かさおみのあがたもり》であるが、県守は川に瓢《ひさご》を投げ入れて、大虬がこれを沈めることが出来ないのを見屈て、大虬を斬り殺したと伝えている。

ここに大虬の物語に瓢《ひさご》が登場するが、もともとは瓢は神の子がやどられる聖なる器で瓮の類であったからであろう。

『古事記』には、神功皇后が新羅《しらぎ》に遠征した際に、槇《まき》の灰を瓢《ひさご》に納れ、大海に浮かべたとあるが、瓢を水に浮かべるのは一種の鎮魂《たましづめ》の呪法であったのではあるまいか。

『常陸国風土記』にも、瓢《ひさご》状の瓮《ほとき》を蛇の子投げつけるのは、鎮魂せしめる呪法ではないかととわたくしは考えているのである。

この呪法によって蛇の子は、逆に天に昇ることが出来ずに、この晡時臥山にとどまらざるを得なかったのである。

いうまでもなく、古代のひとびとが蛇神を祭るのは、司水の神を斎きまつる事であったのであると考えてよい。それを代々祭って来たのが、奴賀毗女《ぬかひめ》の一族であったが、立野神社の「タチ」は、「タチノハミ」（蝮蛇）の意であるとみてよい。

第七十三話　河原《かわら》の駅屋《うまや》

郡衙《ぐんか》（郡の役所）の東北に当る粟河《あわかわ》をはさんで駅家がおかれていた。

この駅家は、粟河がまわりをめぐるように流れていたので、河内《かわち》の駅家と呼ばれていたという。

ここにいう粟河は、那珂《なか》川《がわ》の古い名であるという。この川の上流が、那珂郡の阿波《あわ》郷（東茨城郡桂村御前村周辺）を流れていたので、粟（阿波）河と呼ばれていたらしい。桂村の阿波山《あわやま》には、少名彦名命《すくなひこなのみこと》を祀る阿波山上神社《あわやまのうえじんじゃ》が鎮座し、信仰を集めていたので、今の那珂川を特に粟河と称していたようである。

駅家は、律令時代の国道に、ほぼ三十里ごとに設けられた公の施設で、ここには駅長《えきちょう》、駅子《えきし》が配され、それぞれ一定数の馬が置かれていた。

東海道に属する国道には本来、一駅に、十匹の馬が用意される規定であったが、『延喜式』の規定では、河内の駅《うま》家《や》には駅馬二匹、伝馬《でんま》が五匹置かれていた。

『延喜式』は平安初期の九世、初め頃の駅家の様子を伝えるものであるから、『風土記』進撰の八世紀の初め頃とは、かなり異るかもしれない。

それは兎も角として、この駅馬、伝馬を利用出来るのは、すべて官人に限られていた。

官庁より、駅鈴《えきれい》を授けられた官人が駅家に到着すると、身分に応じて駅馬が供せられる規定であった。

そして、次の駅家に赴いてその馬を乗り換えて、次々と旅行をつづけるのである。つまり、一つ一つの駅家で、駅馬、伝馬を乗り継ぐことから、今日の駅伝競走のもとの名とされたのである。

ところで、この河内の駅家であるが、那珂川が西南に流れる旧柿河村あたり、つまり、現在の水戸市柿河町附近であろうといわれている。

更に、この水戸市に北接する現在の那珂市那珂町は、律令時代の日下部郷《くさかべごう》に当る。その日下部《くさかべ》の地名が示唆するように、雄略天皇の皇后若日下部王《わかくさかべのおおきみ》（草香幡梭姫《くさかのはたび》）の名代《なしろ》の民《たみ》が置かれた処である。

また、現在の那珂市に、額田北郷《ぬかだきたごう》、額田南郷《ぬかだなんごう》、額田東郷《ぬかだとうごう》の地名をとどめているが、この地は額田部《ぬかたべ》と呼ばれる皇室部民がいた地域と見てよい。

額田部《ぬかたべ》は、特に「額田部皇女《ぬかたべのひめみこ》」（『推古即位前紀』）と呼ばれた推古女帝と結びつきの強い部族であったようである。

また、その一族の額田部《ぬかたべ》湯坐連《ゆえのむらじ》は、允恭《いんぎょう》天皇の御代に、隼人遠征を命じられ、復奏する日に、額《ひたい》に廻毛《まきげ》のある良馬を献じたので、額田部を賜姓されたと伝えている。（『新撰姓民録』左京神別下）騎馬に縁りのある部民が置かれていたことは、注目されてよい事実である。

このように見てくると、河内駅家の北部には、朝廷の勢力が、大化前代に、既に扶植されていたことが窺れるのである。

恐らく、佐伯《さえき》と呼ばれた化外《けがい》の民《たみ》への備えとしての役割が大きな職掌となっていたのだろう。

第七十四話　那珂郡《なかぐん》とヤマト王権政権

那珂郡の部民の配置について少しく述べて来たが、那珂郡には、その他、谷《や》（田《た》）部《べ》郷などの皇室部族や、中央大豪族縁りの部民の名を伝える郷名を少なからずとどめている。

谷（田）部郷は、現在の水戸市平須や茨城町北部に比定されるが、涸沼《ひぬま》の北岸台地といった方が、お判り易いかも知れない。ここは、いうまでもなく、仁徳天皇の后《きさき》、八田皇女《やたのひめみこ》の部民が置れたところである。

茨城県内では、谷（田）部郷は、この他、数つか存在しているのである。

その一つが、現在のつくば市の谷田部に当る谷（田）部郷であり、もう一つが、久慈郡谷（田）部郷、つまり現在の那珂郡大宮町西部から山方町の南西部にかけてのところである。

特に興味深い点は、那珂郡の谷（田）部郷、と久慈郡の谷（田）部郷を結ぶラインは、現在の水戸市から北上して、瓜連町《うりづらまち》を通って、大宮町、山方町を抜けて、奥州に向う道筋に当り、交通上軍事上の要衝の地をなしていたということである。

ところで、わたくしが、八部郷を「ヤベゴウ」と訓まず、「ヤタベゴウ」と呼んでいるが、八部郷は、もと八田部郷と表記されていたからである。

御存知のように、元明天皇の和銅六年（七一三）五月に、風土記の編述を命ぜられた時、「畿内《きだい》七道の諸国、郡郷の名は、すべて二字に改められたのである。それにともなって八田部郷は、八部郷と改められたのである。いうまでもなく、「八田」は後「谷田」「矢田」などとも表記されるが、これは八田皇女の御名の起りとなった、大和国添下《そうのしも》郡矢田郷（奈良県大和郡山市矢田町附近）にもとづくものである。

ところでこの那珂郡の旧い豪族は、『風土記』では、建借間命《かけかしまのみとと》或は壬生直《みぶのあたい》と伝えているが、『続日本紀』などに散見する那珂郡の大領は、すでに宇治部《うじべ》に代っている。

宇治部《うじべ》は、『新撰姓名録』（河内国神別）では、物部氏系の豪族と記るされている。

平城宮の木簡にも、那珂郡日下部《くさかべ》郷の郷戸主として、物部大山などが存在していたから、物部の一族が、那珂郡に分布していたことは、間違ないようである。

この他、この郡内には、大伴部《おおともべ》、丈部《はせつかべ》などの軍事的部民縁りの部民が少なからず見られる。

常陸国の大伴部の分布については、久慈郡《くじぐん》小田里《をだのさと》に大伴村が見え、『常陸国風土記』真壁郡と、多珂郡に伴部郷《ともべごう》が存在していることからも窺うことが出来るだろう。『常陸国戸籍』には、那賀郡吉田郷に属すると思われる箇所に、伴部小刀自売《ともべことじめ》が見出される。

丈部《はせつかべ》は、天皇の命令を地方に伝達することを職業とした部民である。ハセツカベは、「駆使《はせつかひ》」部が原義である。

那賀（珂）郡には、丈部竜麻呂《はせつかべたつまろ》（『続紀』宝亀元年七月条）がいたが、阿波郷内には、丈部里があり（台渡廃寺出土瓦銘）、丈部の分布が知られる。

このように那賀郡の地は、早くからヤマト王権の勢力が扶植されていた地域だったのである。

第七十五話　曝井《さらしい》

河内の駅家の南には曝井《さらしい》があった。この泉は、「坂《さか》の中《なか》に出《い》づ。多《さわ》に流《なが》れて尤清《いときよ》し」とうたわれる有名な泉であった。

この泉の周辺の村落の婦女《おんな》たちは、夏の日にはこの泉に集《つど》い、布《ぬの》を洗《あら》い曝《さら》して乾《にゅ》した処と伝えられている。

このように『風土記』に伝えられた曝井《さらしい》は、現在水戸市文京町の滝坂の泉であるという。『万葉集』にも、

「三栗《みつぐり》の　那賀《なか》に向《むか》へる　曝井《さらしい》の　絶《た》えず通《かよ》はむ　そこに妻《つま》がも」（巻九―一七四三）

の歌が載せられている。

因みに、「三栗《みつぐり》の」という枕詞は、御存知のように、「なか」に掛るものであった。栗《くり》の毬《いが》の中に、三つの実がその真中の実に向き合うように、なかよく揃んでいる姿から、「なか」に掛る枕詞となったと説かれている。

いうまでもなく、栗は、古代のひとびとにとっても、欠くべからざる食料品であったから、三栗の姿は日頃見なれた親しいものであったに違いない。このような日常生活の感覚をもとにして、枕詞が生み出され、ひろくひろまっていくのである。『古事記』の歌謡にも、

「上枝《ほつえ》は　鳥居枯《とりいから》らし　下枝《しもつえ》は　人取《ひとと》り枯《か》らし　三栗《みつぐり》の　中《なか》の枝《え》の」

と応神天皇の御歌にも、「三栗のなか」と歌われているように、「三栗の」の枕詞は好んで用いられていたのである。

茨城県は現在でも、栗の産地として有名であるが、『和名抄』にも、常陸国筑波郡栗原郷《くりはらごう》の郷名を記している。ここは、つくば市の栗原であるが、ここには小規模な古墳群がいくつか存在しているところから見て、早くからひとび

とが住みつき生活していたのであろう。恐らく、この地が古代のひとびとを引きつけたのは、栗林が存在し、食糧の確保を容易にしていたからではないだろうか。

ところで、曝井に話をもどさなければならないが、曝井の名に由来は、「布《ぬの》を浣《あら》い、曝《さら》し乾《ほ》せり」と『風土記』に記すように、布を曝す泉（井）にもとづくものであろう。

多摩河《たまがわ》に　曝《さら》す手作《たづくり》　さらさらに　何《なに》ぞこの兒《こ》の　ここだ愛《かな》しき（『萬葉集』巻十四―三三七三）

の東歌に歌われるように、布（ぬの）（麻布（あさぬの））を、水に曝したのであろう。

この『萬葉集』で歌われた土地が、東京都調布市であるように、曝井も調として朝廷に差し出す布を女性たちが水でさらした泉であったのである。

この曝井の近くには、那珂の国造、建借間命を埋葬すると伝えられる、愛宕山古墳《あたごやま》が存在する。建借間命の伝承は兎も角として、この地域が那珂の豪族の本拠地であったことは、事実であろう。その大古墳の北西側の滝坂に、曝井が存在していたから、郡の中央部に位置していたこの泉が、早くから広く喧伝されていったのではないだろうか。

また、更にいうならば、曝井のような場所に集うひとびとの噂話が、いろ〳〵と世間にひろまり、風土記の世界を彩る物語の伝承の原泉となっていったのであろう。

第七十六話　鯨《くじら》の地名

さて、次は久慈郡《くじぐん》である。この郡は『風土記』に、

「東《ひがし》は大海《おおうみ》、南《みなみ》と西《にし》は那珂《なか》の郡《こほり》、北《きた》は多珂《たか》の郡《こほり》と陸奥《みちのおく》の国《くに》の境《さかい》の岳《やま》なり」

と、その位置が示されているが、常陸国の北部を流れる久慈川《くじかわ》の流域を含める地域と考えてよい。

この地が「クジ」を呼ばれるようになったのは、古老の云い伝えによれば、郡衛にほど近き南に、小さな丘があって、その姿が鯨鯢《くじら》に似ていたからだといわれている。因みに、「鯨《けい》」は正しくは雄くじらであり、それに対して「鯢《げい》」は雌鯨《めくじら》を指す言葉である。

『常陸国風土記』行方郡男高《おだか》の里《り》の条にも、

「南《みなみ》に鯨岡《くじらおか》あり。上古《いにしえ》の時《よ》、海鯨《くじら》、匍匐《はらば》ひて来《き》たり臥《ふ》せり」

と記し、鯨に因む地名をとどめている。

このように見てくると、鯨は常陸のひとびとにとって日頃から馴れ親しんでいたもののように思われるが、『風土記』行方郡の「行方の海」の条には、

「鯨鯢《くじら》は曽《むかし》より見聞《みき》かず」

と記るされているから、鯨《くじら》は常陸のひとびとにとっても稀有のものであったようである。恐らく、極めて稀らしい巨大な魚であったからこそ、逆に物語に登場し、語られたのかも知れない。

『神武紀』に伝えられる来目（久米）歌の中にも、

「鴫《しぎ》は障《さや》らず　いすくはし　くぢらは障《さや》り」の歌の「くじら」は、一般は「鷹等《くじら》」と解されるようであるが、わたくしは、山の鴫のようによく普段目にするようなものでなく、まことに稀に海に現われる鯨のような大物が得られたという歓喜の歌と解してもよいと考えている。

ところで、この久慈の地に、淡海《あふみ》の大津《おおつ》の大朝《おおみや》に光宅《あめのしたしろ》しめしし天皇《すめらみこと》の御世《みよ》に、藤原の内大臣の封戸を検するため、派遣された軽直里麻呂《かるのあたいさとまろ》が、この地に堤を築いて池を造ったという。その池の北に、谷会山《たにあいやま》が存在しているというのである。

ここに見える「淡海《あふみ》の大津《おおつ》の大朝《おおみや》」は、近江国の大津の宮を指すのである。

淡海とは、もともと「淡水湖《たんすいこ》」の意であるが、地名の淡海は、現在の滋賀県にある琵琶湖又はその周りの地を指すのである。琵琶湖が都に近い淡海《あわうみ》なので、「近《ちか》つ淡海《あふみ》」と称するのに対し、浜名湖を「遠《とお》つ淡海《あふみ》」と呼んでいたのである。国、郡、郷の名がすべて二字に統一されると、近つ淡海は「近江」とされ、〝遠つ淡海〟は遠江《とおとおみ》と表記されていたのである。「近つ淡海」は都びとから慣れ親しんだ淡海であったから、略されて単に「オオミ」と一般に称したのである。

「光宅」は、『書経』の堯典の序に「天下に光宅す」などとあるように、「光宅」は聖徳の遠くにあまねく意である。また天皇を「スメラミコト」と訓むのは、「統《すべ》る命《みこと》」つまり、部下に命令を下す命《みこと》達の、更にその上に立って統率される御方を指すのである。つまり「天皇」がそのスメラミコトに当られるのである。いうまでもなく淡海の大津の大朝に光宅しめしし天皇は近江の大津の宮をさだめられた天智天皇である。

第七十七話　鎌足の封戸

天智天皇から、封戸を久慈郡の地に賜わった「内大臣、藤原卿」は、いうまでもなく藤原鎌足である。

鎌足は大化改新の最大の功労者として、内臣《うつつおみ》を授けられたが、天智天皇八年（六六九）十月に、病死するに当って、天智天皇より大織冠《だいしょくかん》と大臣《おおおみ》の位を授けられ、藤原氏を賜姓された。

『日本書紀』などには、「内臣《うちつおみ》」を「内大臣《ないだいじん》」として記るしているが、まだこの頃には「内大臣」という官職は存在していない。

奈良朝の終り頃の光仁天皇の時代に、藤原良継《よしつぐ》も藤原魚名《うおな》も、内臣《うちつおみ》から内大臣《ないだいじん》にすすむコースをたどっているから、恐らく、内大臣は、大臣待遇をあたえられた内臣の意であると考えてよい。つまり、この内大臣は、左、右大臣に準ずる員外の大臣とみなされていたことを示している。

ところで、藤原（中臣）鎌足が大化改新以来、天智朝に至るまで「内臣」に任ぜられたのは、文字通り、天皇の側近中の側近として、常に天皇に内侍して、政治の諮問にあずかり、或はいろ〱と政策を上奏する地位についたことを示すものであろう。

いわば左、右大臣は公の執政官であるのに対し、帷幄《いあく》の臣《しん》として、天皇の政治を内から補佐したのが内臣であったと、わたくしは考えている。

ところで、鎌足が天智天皇より賜った「封戸《ふこ》」とは、「食封《じきふ》」の事である。

功臣や最高位者には、政府より一定数の封戸が与えられることが「律令」で規定されているが、それによれば、その封戸の調庸品全部と、田租の半分が封主に支給されることになっていた。

鎌足も内臣に任ぜられた時、「封を増《ふま》すこと若干戸《そこばくのへ》」(『孝徳紀』)とあるように封戸を賜ったようである。『藤氏家伝』では、内臣を授けられた時、封二千戸を賜ったと記している。その上、鎌足が大紫冠を賜った時には、合計一萬五千戸の封戸を授けられたという。

それらの封戸の一部が、藤原氏縁りの常陸国の久慈郡に置かれたのであろう。

その久慈郡の封戸を検校するために、この地に下って来たのが、『風土記』によれば、軽直里麻呂《かるのあたいさとまろ》であった。

この軽直里麻呂《かるのあたいさとまろ》のことは『日本書紀』などには記載されていないので、必ずしも明らかではないが、大和国高市郡の軽《かる》、現在の奈良県橿原市大野町附近に本拠を置く一族であろう。

この軽の地には、古くから「軽《かる》の池《いけ》」(『崇神記』)が存在していた。このことから推察すると、軽部の一族の池に対する関心は可成り高かったのではあるまいか。

『風土記』に軽直里麻呂《かるのあたいさとまろ》が、堤を築き池を造ったというのも、そのような事と関係がったのかも知れない。

この池の北に谷会山《たにあいやま》があるというが、この谷会山は固有の地名というより、谷会の山の意で、池は恐らく、谷会の地に築かれたのであろうか。

一説には、水府村棚谷に擬されているが、寧ろ、『風土記』行方郡の「椎井《しい》の池《いけ》」の如く、谷津に築かれた池を想像した方が、正しいのではないだろうか。

第七十八話　久慈《くじ》郡とヤマト王権

ここで少し、久慈郡に就いて歴史の由来を、考えて見よう。郡衙《ぐんが》（郡家《ぐうけ》）は、久米郷に置かれ、現在の常陸太田市大里《おおさと》にあったといわれている。郡衙又は郡家は、いうまでもなく郡司の役所である。所で、この久米郷と国　宰《くにのみこともち》（国司）の久米大夫《くめのおおまえつぎみ》（久慈郡助川《すけがわ》の駅家条）結びつきはさだかではないが、この地に久米部《くめべ》がかつてこの地に蟠踞していたことは、充分考えられるだろう。

久米部は、御存知の通り、大伴氏と共に、古くから天皇家の直属の軍隊であった。

『古事記』を繙いても、神武天皇に率いられた久米部が、登美毘古《とみびこ》（長髄彦《ながすねひこ》）を討伐に立ちむかった時、「みずみずし　久米《くめ》の子等《こら》が」が「頭椎《くぶつち》　石椎《いしずし》もち　撃《う》ちてし止《や》ま」んと歌い、。勇敢に戦かったと伝えている。

因みに、「頭椎《くぶつち》の」は、「頭椎《くぶつち》の大刀《かたな》」の意で、柄頭が槌《つち》のような形をした大刀である。「石椎《いしずち》」は、その柄頭が石のように硬《かた》いことを現したものであろう。

「久米歌」で有名な久米氏の本拠地は、大和国高市郡《たけちぐん》の久米《くめ》で、現在の奈良県橿原市久米町に当る。

この久米町には、久米神社が祀られ、有名な久米寺も存在しているが、興味深いことに、この久米は、神武天皇を祭祀する橿原《かしはら》神社のすぐ近くに位置している。いうまでもなく、橿原の地は、ヤマト王権の発祥の地と伝えられているが、その地域内に久米氏の本拠が含まれていたことは、久米一族と天皇家の結びつきが、古くから結びついていたことを示唆する。

また、現在の橿原市が属する郡は、大和国の高市郡であるが、この高市に縁りのある郷が、常陸国の久慈《くじ》郡高市郷《たけちごう》として存在している。この高市郷は、茨城県日立市の名取町附近である。

ヤマト王権の軍隊といえば、わたくしたちは、直ちに物部氏や大伴氏を想起するが、この久慈郡の国造も、『国造本紀』では、物部連系であると伝えている。

『常陸国風土記』（久慈郡）には藤原鎌足の封戸を視察するために、久慈郡に派遣された軽直里麻呂《かるのあたいさとまろ》の事が伝えられているが、この一族も、『新撰姓氏録』（左京神別下）には、

「速日命《はやひのみこと》　六世《ろくせい》の孫《まご》」

の子孫とされ、物部氏系の氏族と、されている。

しかも、その速日命の名と極めて類似する神が、久慈郡の賀毗礼《かびね》の峯《みね》（神峰山）に祀られ、「立速日命《たちはやひのみこと》」と呼ばれていることは、注目されてよい。

ヤマト王権の軍事勢力が、この久慈郡の地域に早くから配されていたことを物語るものであろう。

また、久慈郡山田《やまだ》の里《さと》（水府村の中、南部と、金砂郷の東北部）には、「大伴村」が存在していたことが、『風土記』に明記されているが、ここは金砂郷赤土《あかつち》に比定されているから、金砂郷一帯は、大化前代から、大伴、物部が配されていたと考えてよい。

更につけ加えるなら、この他、常陸国には、那賀郡《なかぐん》に「大伴部弟麻呂《おおともべおとまろ》」（平城宮出土木簡）や、行方郡高家郷《なめかたぐんたかやごう》に「大伴部荒嶋《おおともべあらしま》」（正倉院布樸）等と大伴部が少なからず分布していることである。

第七十九話　鏡の呪力

さて、この久慈郡の郡家の西北、三十里の処に、河内《かわち》の里《さと》が存在していたという。

河内の里は、常陸太田市下宮河内あたりであろうと考えられているが、『常陸国風土記』には、河内の里は、古くは『古々《ここ》の邑《むら》』と呼ばれていたと記している。

それについて『風土記』には、「俗《くにびと》の説《ことば》に、猿《さる》の声《こえ》を訓《い》いて古々《こと》となす」と説明を加えている。

確かに、猿の鳴き声そのもののようにも考えられるが、「ココ」は或は「呱々《ここ》」で、乳児の泣き声のようなものを示すものとも考えられている。或は「猿猴《えんこう》」の「猴々《ここ》」、又は「猴声《こうせい》」を示すものと考えてもよいと思っている。

その河内の里の東方に山があって、そこには「石の鏡《かがみ》」があったという。

その石の鏡を、大昔、魑魅《ちみ》たちが集ってもてあそんでいたが、その鏡の呪力によって、いつしか魑魅たちは、他の地に退散してしまったというのである。そのため、ひとびとは、

「疾《と》き鬼《おに》も、鏡《かがみ》に面《むか》へば、自《おのずか》ら滅《ほろ》ぶ」

といい伝えていると記している。

この「魑魅《ちみ》」は、魑魅魍魎《ちみもうりょう》の「チミ」で、「すだま」の意である。山林の妖気を起すばけもので、人面で獣《けもの》のような身体つきをした四足の怪物であると考えられている。いずれともあれ、山に住む妖怪の類《たぐい》であろう。

そのような妖怪たちも、鏡に自分の姿を写し出すと、鏡の威力によって自《おのずか》ら滅し去ってしまうといわれているのである。

「鏡《かがみ》」を『萬葉集』では、「可我見《かがみ》」と表記するように、我が身の姿を写し出すものと意識されていたが、これと共に古代のひとびとは、我が身も心も鏡に吸い取られてしまうと観念していたようである。

又、鏡は神様の「依代《よりしろ》」と見做される神聖な器であった。そのため、鏡を敬せず、単に玩ぶことは、神霊の祟《たた》りをうけ、生命を失うと考えていたのではないだろうか。

またこれを「石《いわ》の鏡」と『風土記』には伝えるが、岩《いわ》もまた、岩倉《いわくら》の名が示すように、神のやどる聖なる場所であり、魑魅も退散せざを得なかったのであろう。更に、この山の土は、青き紺色をなし、絵画の顔料に用いられたという。この色を一般に、「阿乎仁《あおに》」と呼んでいたという。

「アオニ」は、「青丹《あおに》」の意で、濃い青に朱色をさした色である。

「青丹《あおに》より　奈良《なら》の都《みやこ》は　咲《さ》く花《はな》の」と古来より歌われているが、この「青丹よし」は、奈良の枕詞とされる。わたくしはそれを、恐らく唐風の青（緑）色の瓦と、赤く塗れた柱の宮殿に、青《あお》色と朱色《あか》という「陽」の色がイメージが託され、永遠の発展を祈願するものではないかと、考えている。

「紺《こん》」は、先述の如く、「アオニ」で、深青色に赤色を帯びた色である。

これを一般に「はなだ」と訓んでいるが、正式には、「はなだ」に「縹」の字が当てられている。勿論、縹（はなだ）は藍染《あいぞめ》の紺《こん》に近い色である。

『持統紀』にも、官位の「追」の八級は深縹《こきはなだ》、「進」の八級には浅縹《あさはなだ》の朝服《みかどころも》（官廷の正式の衣服）とせよと記るされている。

紺をまた『風土記』では「加支川倆《かきつに》」と称すとあるが、それは恐らく「絵を画く顔料の丹《に》」の意であろう。

第八十話　倭文《とどり》《しづり》の織物

郡家から、西十里ばかり離れた処に、静織《しどり》の里がある。

昔は、綾《あや》を織《お》ることを知る人がいなかったが、この里で始めて綾を織ることが出来たので、静織の地名が誕生したという。

しかし、この「静織《しどり》」は、『和名抄』の郷名では、「倭文《しどり》」と記されているから、「倭文《しどり》」と呼ばれる独特の織物の生産地と解してよいであろう。

『神代紀』の天孫降臨の条を読んでいくと、ながらく服従することを肯ぜなかった香々背男《かがせお》と称する星の神に、倭文《しどり》の神である建葉槌命《たけはづちのみこと》を遣わして、服属させたと記している。

この倭文《しずおり》は、「倭」の文字が物語るように、日本固有の織物である。梶木《かじのき》や麻などで、筋《すじ》や格子模様を織り出すものであるといわれている。

倭文は、特に、神を鎮め祭る際によく用いられているようである。たとえば、『出雲国造《いずものくにのみやつこ》《こくぞう》神賀詞《かむよごと》』という祝詞《のりと》の一筋にも、

「倭文《しづ》の　大御心《おおみこころ》もたしに」

と述べて、「倭文」を神に供して「魂鎮《たましず》め」に用いている。

『萬葉集』にも、

「ちはやぶる　神《かみ》の社《やしろ》に　照《て》る鏡《かがみ》　倭文《しず》に取《と》り添《そ》へ　乞《こ》ひ祈《の》みて」　（巻十七―四〇一一）大伴家持

と歌われているが、この倭文も「鎮め」として献ぜられている。

それ故、宮廷の臨時の祭にも、多く「倭文二端」（『延喜式』）が供せられている。

このように、倭文が「鎮魂《しづ》」のためには、欠せないものと見做されていたから、まつろわぬ星の神の平定に倭文の神が派遣されたのであろう。

倭文の神の建葉槌命《たけはづちのみこと》の神の名は、猛々しい羽《は》つ霊《ち》の意で、身に羽織る着物の神を表すものであろう。〝霊《ち》〟はいうまでもなく、水霊《みずち》（蛇＝水神）、厳《いか》つ霊《ち》（雷神）の「霊《ち》」と同じで、神聖なものを表示する。

この織物は「青筋《あおすじ》の有《あ》る文《あや》の布《ぬの》」ともいわれているが、一説には糸を沈めて文様を織りなすところから「シズオリ」と呼ばれたといわれているが、その紋様そのものが鎮魂を表示していたのであろう。

この倭文を織る集団が、倭文部《しどりべ》と呼ばれる部族である。また、この部民が置かれた処が、倭文郷《しどりごう》（『和名抄』）と称した。『風土記』にいう「静織の里」は、倭文郷に他ならないのである。

倭文郷は、常陸国の他に、因幡国高草《いなばのくにたかくさ》郡や美作国久米《みまさかのくにくめ》郡、淡路国三原《あわじのくにみはら》郷、上野国那波《こうずけのくになは》郡などにも存在しているから、倭文部は広く全国に分布しているのである。

常陸国では、那賀郡那賀郷の人として、委文部益人《しどりべますひと》（『寧楽遺文』補一―五）や、那賀郡の防人《さきもり》の倭文部可良麻呂《しどりべからまろ》（『萬葉集』巻二十―四三七二）が見出される。

常陸の倭人部が斎っ神が、那珂市静《しず》に鎮座する静《しづ》神社である。この神社には建葉槌《たけはづち》の神が祀られているが、この他にも、群馬県佐波郡や山梨県北巨摩《こま》郡、鳥取県東迫郡などにも、倭文《しずり》神社が祀られている。

第八十一話　倭文《しづり》の帯《おび》

倭文《しづおり》を「静《しず》」の文字であらわされることは、静織の里の例からも知られるが、実は静岡市の「静」も、この倭文の意である。静岡市の北の賤幾山《しづはたやま》の〝倭文《しづ》〟に因むものという。

静御前《しづかごぜん》が、別れた夫、源義経を忍んで、

「しづやしづ　しづの苧環《おだまき》　繰《く》り返《かへ》し　昔《むかし》を今《いま》に　なすよしもがな」

と繰し歌い、鶴岡八幡宮の社頭で舞ったのも、自らの名の静御前の「静」と、「倭文《しづ》」を掛けたものである。

実は、この歌の本歌は、『伊勢物語』に記るされている。昔、交渉をもった女性に男が、

いにしへの　しづのをだまき　繰《く》り返《かへ》し　昔《むかし》を今《いま》に　なすよしも哉《かな》　（三十二段）

と贈った歌である。

『古今和歌集』にも

いにしへの　倭文《しづ》の苧環《をだまき》　いやしきも　よきもさかりは　ありしものなり　（巻十七、雑歌上―八八八）

という類歌が載せられている。

これらの歌が、「いにしへの　倭文《しづ》」と歌うように、倭文の織物は、既に日本の古い織物と意識されていた。

この布を織るのに、倭文糸《しづいと》を中を空にして玉のように巻いて、その糸を繰り出しながら、倭文《しづり》の織物が織られるのである。これが、いわゆる「しづの苧環《おだまき》」であろう。閏《うるう》の正月を「おだまきの正月」と呼ぶのも、繰り返されて迎え

る正月の意であろう。

「しづ」は、また賤《しづ》に掛る言葉としても用いられ、先の『古今和歌集』に「しづのをだまき　いやしきも」とあるように、「しづ」を「賤」の意に用いている。

恐らくこれは、中国から高級の絹織物の綾綿羅などの技術が導入され、倭文が、既に古めかしい織物と見做されてくるようになってからの意識であろうと考えている。だが、それにもかかわらず、日本古来の伝統をとどめる神社の祭料には、平安時代に入っても、盛んに倭文《しどり》が用いられていたことに、注目されなければならない。

神祇官で主監する全国七百三十七座には、「倭文一尺」が神社毎に献上されているし、その他、有名な神社には、必ずといっていいほど、倭文が奉納されている。

この倭文には先に述べたように、鎮《しづ》める呪能が期待されていたのであろう。それ故、倭文に「静」も文字を当てたのではあるまいか。倭文部が神事に関わることは、『垂仁紀』には五十《い》瓊敷皇子《じしきのみこ》に、「倭文部《しどりべ》、神弓削部《かみゆげべ》」などの十種の品部《ともべ》を賜ることからも窺うことが出来るだろう。

そのため、古代のひとびとは、好んで「倭文《しづ》の幡《はた》の帯《おび》」を身につけていたようである。

『武烈天皇前紀』に、「大君《おおきみ》の　御帯《みおび》の倭文服《しづはた》　結《むす》び垂《た》れ」と歌垣に歌われているのはその一例である。

また『萬葉集』にも、「古《いにしへ》の　倭文幾帯《しづいくおび》を　結《むす》ぶ垂《た》れ　誰《たれ》しの人《ひと》も　君《きみ》には益《ま》さじ」（巻十一―二六二八）

とある。この「結び」はまた、鎮魂《たましずめ》や「魂結び」の呪法でもあったのである。

第八十二話　遊閑の場

静織《しどり》の里の北には小川が流れていたが、この川には、丹石《たんせき》が川原に他の石に混って、存在していたという。

丹石は、赤玉の石で、瑪瑙《めのう》を指すようである。

『出雲《いずものくにの》国造《みやっこかむよごと》神賀詞』という祝詞の一部にも、「赤玉《あかだま》の御阿加良《みあから》びまし」と述べ、天皇の御健康を祝福している賀詞が伝えられている。この「あからびまし」は、「あからむ」赤々と、てりはえるの意である。

出雲の国造《くにのみやっここくそう》が新しく代る時には、天皇に白玉、赤玉、青玉の三種の宝玉が献ぜられたが、このうち白玉は、天皇の御髪が白くなるまでと長寿を祈る呪法の宝玉である。青玉は、再生を象徴する青春のシンボルの玉であると考えられている。

それに対し、赤の玉は、生気あふれる色の象徴であるが、「アカ」は明《あか》るい色で、黒《くろ》の色、つまり暗《くら》い色に対するものであった。

奈良の都を「青丹よし」とたたえるのも一つには、都の永遠を祈願するものであった。

この静織の里の「丹石」は、「色《いろ》は瑠碧《へんべき》に似《に》たり、火《ひ》を鑚《き》るに尤《もっと》も好《よ》し」と注されている。

瑠碧の色の、「瑠《へん》」は玉の綾の意である。つまり碧《あおみど》りの色の綾のあることをいう。

この石は、火を起す火鑚《ひき》りの玉石として、最高品だという。よって、この小川を玉川《たまがわ》と名附けたのである。この川は現在も、同じく玉川と呼ばれているが、旧大宮町と瓜連町《うりづらまち》の境で、久慈川に注いでいる。

郡家の北、二里程には、山田《やまだ》の里《さと》があった。ここは、旧久慈郡水府村中南部と金砂郷町の東北に当る。『延喜式』には、山田駅とあって、駅家《うまや》が設けられたが、この駅家は、水府町松平にあったという。ここには、山田川が流れ、この地を広く潤し、多くの墾田が営まれていた。又、この川は清流であったから、数多くの大きな鮎《あゆ》をとることが出来たという。

そればかりでなく、この川の潭《ふち》を石門《いわと》と称して、風景明媚の地として、古代の人々には知られていたと伝えられている。

この川を覆うように茂る木が、鬱蒼としてつらなり、清き泉は渕となり、下流に潺湲《せんかん》と流れている。青葉は自《おの》ら日蔭《ずか》をつくり、蓋《きぬがさ》のように覆う青葉の枝は、夏の風にあおられて裏返《うらがえ》される。川の底の白砂は、波を翫《もてあそ》び、あたかも長い席のように見られた。

この清涼の地を求めて、ひとびとは集まるが、とりわけ、夏の熱き日には、をちこちより、この地の集《つど》い、「膝《ひざ》をつらね、手携《たづさ》わいて」筑波の歌垣を唱し、久慈の味酒《うまざけ》を酌み交すのである。これこそ俗塵《ぞくじん》の煩《わずらい》を忘れる一時であったのであろう。

このように夏の熱さには、涼を求めて水辺に会することは、茨城郡の高浜《たかはま》の海辺でも見られたことである。

夏は農閑期に当たっていたから、この時期こそ、比較的自由に過酷な労働から開放され、心いくまでの遊閑のひときを、迎えることが出来たのではあるまいか。

第八十三話　高千穂の峯

郡家の東、七里ばかりの処に、太田郷《おおたごう》があった。

大田郷は、現在の常陸太田市の幡《はた》である。この地の、長幡部《ながはたべ》の社《やしろ》が祀られていた処である。その社の縁起を、古老は、次のように伝えていた。

昔、天より、珠賣美万命《すめみまのみこと》が降臨されたが、御服《みけし》を織ることを命ぜられた綺日女命《かむはたひめのみこと》は、始めは、九州の日向《ひうが》《ひむか》の国の二所《ふたところ》の峯《みね》より、美濃《みの》の国《くに》の引津《ひきつね》の峯《み》に下られたという。

ここに登場する珠賣美万命《すめみまのみこと》の「スメ」は、「統《すべ》る」の意で、「皇神《すめがみ》」、「皇御神《すめみかみ》」などからお判りのように、一般には「皇《すめ》」の意に解されている。つまり、スメミマは、「皇御孫《すめみま》」と解してよい。『神代紀』に、「高皇産霊尊《たかみむすびのみこと》、皇孫《すめみま》を降《おろ》しまつる」とあるように、皇孫瓊瓊杵尊《ににぎのみこと》がここでいう「スメミマ」の命《みこと》である。

綺日女命《かむはたひめのみこと》の綺《かむはた》は、『和名抄』に「加无泱太《かんはた》」の訓をのせており、錦に似た薄い織物である。

綺日女命が始めに降臨されたという日向の二所《ふたところ》の峯《みね》は、『神代紀』にいう「日向《ひうが》の襲《そ》の高千穂《たかちほ》槵日《くしび》の二上《ふたがみ》の峯である。

この日向の襲は、文字通りに解すれば、日向国贈於郡《そおぐん》であろう。『続日本紀』には、「大隅国贈於郡《おおすみのくにそおぐん》の曽乃峯《そのみね》」（延暦七年七月条）とあり、霧島山中の高千穂峰を指している。

御承知の如く、高千穂《たかちほ》の峯に就いては、古くから日向国臼杵郡智保郷《うちきぐんちほごう》がその有力な候補地とされてきた。いうまでもなく、宮崎県の高千穂町《たかちほ》である。それに対して、鹿児島の霧島山もその有力な候補地にあげられて来たのである。

『日向国風土記』は勿論、霧島山の立場である。しかし、逆に『日向国風土記』の逸文には、「臼杵《うすき》の郡《こおり》の中《うち》、知舗《ちほ》の郷《さと》」の日向《ひうが》の高千穂《たかちほ》の二上《ふたがみ》の峯《みね》に瓊々杵尊《ににきのみこと》が天降りされたと記して、明らかに、宮崎県の高千穂説を取っている。

しかし、もともと、高千穂《たかちほ》の峯《みね》とは、本来、堆高《うづたか》く積み上げられた稲穂の山のことなのである。

秋の稲の収穫が終わると、村落の神田《しんでん》で大切に育てられた御神稲を、米倉にうず高く積み上げて、新しい穀霊神を招ぎ降ろす儀式が行われた。この祭りが、新嘗《にいなめ》の祭りである。

その新しい穀霊神が、瓊瓊杵尊《ににぎのみこと》そのものであった。「ニニギ」の「ニ」は、赤の意である。つまり、「ニニギ」とは、赤く熟した穀霊と解してよい。

一説には、「ニニギ」は「にぎにぎしい」で、豊穣を意味するとも解されている。

つまり、高千穂の峯の降臨の神話は、新嘗の祭りの神話化したものである。

ところで、『日本書紀』などで瓊瓊杵尊に副えられた所謂「五部《いつのとものお》」には、中臣《なかとみ》、忌部《いんべ》、猿女君《さるめきみ》、鏡作部《かかみつくりべ》、玉作部《たまつくりべ》とあり、(『神代紀』第九段)綺日女命《かむはたひめのみこと》の如き、織姫の神は含まれていない。

だが、神祭りには、必ず「神御衣《かんみそ》」を織る集団が参加しているから、この綺日女命も、かかる織女の斎《いつ》く神名であろう。

第八十四話　長幡

綺日女命《かむはたひめのみこと》が、日向《ひうか》の二所《ふたところ》の峯《みね》（高千穂）より移られたという、三野《みの》の国、引津根《ひきね》の丘《おか》は、『続日本紀』に、聖武天皇が「宮処寺《みやこでら》と曳常《ひつつね》の泉《いずみ》とに幸《みゆき》したまふ」（天平十二年十二月条）と記るされる「曳常《ひきつね》」と同じ処であろう。「美濃国神明帳」にも、「引常明神《ひきつねみょうじん》」と見えるが、現在の岐阜県不破郡垂井町付近である。（『梁塵秘抄』）

この地より長幡部《ながはたべ》の祖先に当たる多弖《たて》の命《みこと》は、第十代崇神天皇の時代に、常陸国の久慈郡の太田郷に移ったというのである。

この多弖命《たてのみこと》の「タテ」は、恐らく織物の「たて糸」の「タテ」の意であろう。『万葉集』にも「経《たて》もなく　緯《ぬき》も定《さだ》めず　をとめらが　織《お》るもみち葉《ば》に　霜《しも》な降りそね」（巻八―一五一二）という大津皇子《おおつのみこ》の御歌にも、「経《たて》」が歌われている。

長幡《ながはた》というのは、恐らく一般の布より長い機織物《はたおりもの》の意であろう。「其《そ》の織《お》れる服《はたもの》は、自《おのずか》ら衣裳《みけし》と成《な》り、更《さら》に裁《た》ち縫《ぬ》うことなし」といわれているが、これを「内幡《うちはた》」と称したと伝えている。

或る伝承では、「絁《ふとぎぬ》《あしぎぬ》を織《お》る時《とき》に当《あた》りて、たやすく人《ひと》に見《み》らるる故《から》に、屋《おく》の扉《とびら》を閉《と》じて、闇内《やみうち》にて」織《お》ったので、烏《うつ》織《はた》と呼ばれるようになったという。

また、この織物で造られた衣装は健《たけ》き兵が用いる鋭利な武器でも、容易に裁ち切ることは不可能であったともいわれていた。

この「ウチハタ」は年毎に、神の調《みつぎ》と献ぜられるというが、『令集解《りょうのしゅうげ》』という律令を解釈した注釈書に、伊勢神宮の神衣の祭《かんみそのまつり》に、麻績連《おみのむらじ》が麻績《おみ》と「敷和《うづはた》」の御衣を織って、伊勢神宮の神に献じたとある。その「敷和」を、「宇都《うづ》波多《はた》と訓ませている。

それでは、なぜ「ウヅハタ」と呼ばれたかという理由は、必ずしも明らかではないが、一説では「ウツ」は「全《うづ》」の意で、『風土記』に記されているように、そのまま人手を加えることなく、完全な衣服になっていることを現すようである。

又別の説では、「ウヅ」は、「珍《うつ》」の意で、非常に貴重の織物の意であろうといわれている。

いづれが正しいのかは別として、長幡部がこの衣装を織る時、人目を避けるという伝承説が生まれたのは、神聖な神御衣の製作に当たっていたからであるまいか。

神に献ぜられるものは、穢《けが》れを忌むものであったから、人目を避ける聖なる空間で、製作されなければならなかったのである。

『延喜式』（主計上）には、常陸国より長幡部の施《あしざぬ》《ふとぎめ》七疋を調と差出している。

また「長織部の絁《あしぎぬ》長さ六丈、広さ一尺九寸」と見えるから、長さ六丈、つまり約十八メートルで横幅が六十センチほどの長い施《あしぎぬ》の織物であった。

施《あしぎぬ》は、現在の紬《つむぎ》の類である。繭糸をつなぎ合せた絹織物であったから、絹織物の柔かさと異なり、平面はざらざらして、強靱な布と見放されていたのだろう。

それらのことから、鋭利の武器でも、断ち切れないという神話が生れ出たのではないだろうか。

第八十五話　絵の原料

大田郷の北には、薩都《さつ》の里《さと》があった。『和名抄《わみょうしょう》』では、佐都郷《さつのごう》と表記されるが、現在の常陸太田市の北部より日立市の西北部の地域に当る。

常陸太田市の北部には、里野宮《さとのみや》の地名があるが、そこは旧くは、「佐都村《さつむら》」と称していたという。

この「サツ」という地名の由来を、『風土記』には、兎上の命《うなかみのみこと》が土雲《つちぐも》と呼ばれる国栖《くず》を兵を起こして殲滅し、「福《さち》なるかも」といわれたことに因むと記している。

先に触れたように土雲《つちぐも》（土蜘蛛）や、国栖《くず》は、「まつろわぬ者」を指している。

ここに登場する兎上命《うのかみのみこと》は、その名から推して、下総国海上郡《うなかみ》の豪族ではないかと考えられている。

海上郡は常陸国に南接し、利根川を扼するところに位置しているが、『風土記』に香島郡は、海上郡の軽野より南一里と、那珂（賀）郡の寒田より五里を割いて建郡したとあるように、常陸国との関わりは古くから存在していた。

その下総国の海上郡の譜代の郡司は、他田日奉部《おさだのひまつりべ》であるが、『国造本紀』では、「天穂日命《あまのほひのみこと》」の後裔と称していた。

日奉部《ひまつりべ》は、太陽神である天照大神の子孫、つまり日継《ひつ》ぎの御子の権威を宣揚する部民であると考えられている。

このように見てくると、土雲を滅ぼしたという兎上命は、日奉部《ひまつりべ》の一族であったとも想像されるのである。

常陸太田市の南部に「磯部《いそべ》」の名を現在でもとどめているが、この「磯部《いそべ》」は「伊勢部《いせべ》」の意であるから、ここにも天照大神を奉斎する部民が置かれていたことの可能性が考えられる。

ところで薩都《さつ》の里《さと》の北の山は、絵画に用いる白土《しらつち》の産地であったと記されている。

このように久慈郡は、画の顔料の産出地としても有名であったのである。久慈郡の河内《かわち》の里《さと》（金砂郷町宮河内）の山からも、「青《あお》き紺《こん》の如《ごと》く　画《え》に用《もち》いて麗《うるわし》き」「阿乎爾《あおに》」がとれたと記されているからである。白土《しらつち》は、いわゆる「白《はく》堊《あ》」又は「はくど」と呼ばれていた。因みに『肥前国風土記』（高来《たかき》郡）には、峯《みね》の湯《ゆ》の泉《いずみ》（雲仙岳）より、硫黄《いおう》とならんで、白土がとれると記している。

『欽明紀』十四年五月の条には、海に浮かんでいた楠木《くすのき》の木に欽明天皇は、書工《えのたくみ》に命ぜられて仏像を造らしめたとあるように、六世紀頃から、渡来系の絵師の活躍がとみに目立ってくるが、それらに用いられる顔料が、諸国から都に送られたのであろう。

御存知のように、白土は単に絵画に用いられるだけでなく、白亜の壁として、寺院建築物などにも、盛んに用いられている。

これらの画師は、書工司《えかきべのつかさ》に属するが、中務省《なかつかさしょう》の管轄下におかれ、絵事、彩色のことを司るとされている。（『職員令』）倭画師《やまとのえし》、河内画師《かわちのえし》、山背画師《やましろのえし》、楢画師《ならのえし》、黄文画師《きぶみのえし》などのほとんどが、畿内に本拠をもつ渡来系の画師であった。

特に、都を中心に寺院が建立されると彼等は盛んに動員された。『風土記』進撰の目標の一つは、このような地方の物産を、中央で適確に把握することにあったのである。

第八十六話　賀毗礼《かびれ》の神

久慈郡の東にそびえる大きな山を、賀毗礼《かびれ》の高峯《たかみね》と呼ばれていた。

昔、天神《あまつかみ》の立速男命《たてはやおのみこと》と呼ばれる神が、天より降りて、松沢《まつさわ》の松《まつ》の樹《き》の八俣《やまた》に降臨されたという。

だが、その神の祟《たたり》ははげしく、ひとびとは、怖れおののいていた。たとえば、この松にひとびとが大小便をかけて穢すと、たちどころに災《わざわ》いをもたらし、ひとびとを疫病で苦しめたというのである。

この賀毗礼《かびれ》の高峯《たかみね》は、現在の神峰山であろうが、このカビレは、「神振《かみぶ》れ」の意で、雷鳴をとどろかす恐ろしい雷神であろう。

「立速男《たてはやを》」は、神威をたちどころに顕示する男神という意味である。またの名を、「速経和気命《はやふわけ》」を称したというが、「速経《はやふ》」も、速《すみや》かに神威を振《ふ》り下す神であろう。

「和気《わけ》」は、「別《わけ》」で、親神《おやがみ》の霊《ち》を別《わ》けられた子神の意である。この「別《わけ》」から「若《わか》」の意が派生するが、親から生命（霊《ち》）を別け与えられた子は、若神は、荒れた神と見なされていた。

『山城国風土記』の逸文に、賀茂《かも》（鴨）の玉依日賣《たまよりひめ》は、火雷神《いかつちのかみ》が化した丹塗《にぬり》の矢《や》によって、賀茂《かも》の別雷神《わけいかづち》を生誕したとあるが、火雷神の霊《ち》を別け与えられた若々しい神という意味で、上賀茂社の祭神は、別雷《わけいかづち》の神《かみ》と名付けられていた。

また「和気」という称号は、五世紀代に、高貴な方の呼び名にも用いられ、第十五代の応神天皇は、品陀《ほんだの》（誉田）

和気命《わけのみこと》と称され、第十七代の履中《りちゅう》天皇も、伊邪本和気命《いざほわきみこと》と名告られている。

つまり、速経和気命《わやふわけみこと》は、速経《はやふ》の神の御子神と解することが出来るのである。又この神の出現が五世紀代頃に遡ると考えてよいことになる。

この神が「松の八俣」にとどまると記るされているが、松《まつ》は、神の降霊を「マツ」聖木であったからである。

各地に「影向《ようごう》の松《まつ》」が存在しているが、もともと松は御神木の代表と見做されていたからであろう。

謡曲の舞台に松が描かれ、橋掛りに松を配置するのは、その松に神を招き降して、成仏出来ぬ亡者を救済する為のものであった。

ところで、この神が猛威を振るった原因の一つが不浄であったとされるが、もともと、日本の神は、あくまで清浄を求めて忌むものは穢れであったからである。そのうち、特に大小便は穢れの代表として忌まれたのである。

『古事記』にも、須佐之男命《すさのをのみこと》が、姉神の天照大神の大嘗《おおにえ》を聞食殿《きこしめすとの》に、「屎《くそ》まり」されたとあるが、神聖な新嘗《にいなめ》の場を穢すことは、「神《かむ》やらひ」の第一の対称《たいしょう》とされた。因みに、「神やらい」とは、神々の世界からの退放である。そのため須佐之男命は、神々の世界の高天原から、人間の国の出雲国へ追いやられたのである。

しかし、『風土記』に登場する立速男命は余りにも災をもたらす神であったから、朝廷から片岡《かたおか》の大連《おおむらじ》が派遣され、この神に賀毗礼《かびれ》の山上の清浄の地に移っていただいたのである。

この社《やしろ》は石をもって垣とし、そのなかには眷属の神が多く祀られていたという。この神に献ぜられた品々の宝の弓、桙《ほこ》、釜《かま》などは、今すべて石に化して残るといわれていた。石（岩《いわ》）は、古代人にとって不変の象徴であり、神の聖域に置かれるから、かかる伝承は生れたのであろう。

第八十七話　中臣の祭祀

この賀毗礼《かびれ》の祭祀に、朝廷から発遣された片岡《かたおか》の大連《おおむらじ》は、『新撰姓氏録』（左京神別下）に見える「中臣方岳連《なかとみのかたおかのむらじ》」であろう。

中臣方岳連は、恐らく、大和国宇陀《うだ》郡の片岡に本拠を置く中臣氏であろう。この片岡は方岡《かたおか》とも表記されているからである。ここには古くから、春日社神供料所《じんぐりょうしょ》が置かれていた。

だが、大和国にも、片岡と称する地が葛下郡《かつげぐん》にも存在し、ここにも興福寺領が、古くから設けられている。これらの地の荘園は、すべて藤原不比等の施入よりなる荘園であった。大和の片岡はいうまでもなく、奈良県葛下郡王寺町から香芝町にかけての丘陵地である。

『推古紀』に、聖徳太子が、この片岡で飢えた人と出逢い、「しなてる　片岡山《かたおかやま》に飯《いい》に飢《こ》えて」と歌われた場所として有名な処である。いづれともあれ、片岡は、共に中臣氏の縁いの深い地であった。

中臣氏が、賀毗礼《かびれ》の神の鎮魂の祭祀に赴くのは、この神がもともと中臣氏と関係の深い神であったのではないかと、わたくしは考えている。

速経和気命《はやふわけみこと》が、武神的要素が強かったことは、その神宝として弓や桙をあげていることからも窺えるだろう。また、「速経《はやふ》」の神名は「速経津《はやふつ》」、ないしは、「韴霊《ふつのみたま》」（「神武即位前紀」）に通ずるから、経津主《ふつぬし》の神や武甕雷《たけみかづち》（槌）の神に類した神であることを、示唆している。

経津主命の「フツ」は、剣の先に、神が天降《あまふ》りされて、破邪の剣と化すこと意味する。

一般には「フツ」と音をたて、ものを裁断する、切れ味のよい剣と解されているが、わたくしは、むしろ剣の穂先に降臨される、つまり天より降臨される「降る」武神と解したいのである。

いづれともあれ、香取神宮の祭神である経津主神や鹿島社の武甕雷神に類した神と考えられ、共に藤原氏（中臣氏）が斎《いつ》き神であったのではあるまいか。

「韴霊《ふつのみたま》」と名告られた武甕雷神《たけみかづちのかみ》は、『古事記』には、「建御雷神《たけみかづちのかみ》」と表記されるように、雷神であった。

雷は「神鳴《かみな》り」とも云われる鳴神《なるかみ》であったが、また「巌《いか》つ霊《ち》」（雷）とも呼ばれて、神威の極めて強い神であった。

だが、一面においては、雷を「稲光《いなびか》り」、「稲妻《いなづま》」と称するように、雷鳴と共に、恵みの雨を大地に降らし、稲をみごもらせる神とも見做され信仰されて来たことを忘れてはならないと思う。

因みに、「稲妻《いなづま》」は、「稲夫《いなづま》」の意で、古代では結婚の相手を共に、「ツマ」と呼んでいたのである。

このように考えていくと、賀毗礼《かびれ》の神、つまり雷神を、その縁りのある中臣氏が斎き祀ることは〝荒魂《あらみだま》〟から〝和魂《にぎみたま》〟へと鎮魂《たましずめ》することにあったのであろう。

いうなれば荒振《あらぶ》る神を、和《なご》めて、民衆に多くの御利益をもたらす神に変える祭りである。

よくいわれるように、中臣の「中」は、神と人との中間にあって、それぞれの意志を神祭りして伝える役割を果していることを示す呼び名であった。

八十八話　恋の泉

いわゆる高市《たけち》と呼ばれた村落から、東北二里ばかりのところに、密筑《みつき》の里《さと》は、存在した。

この高市《たけち》は、現在の日立市石名坂町や南高野附近に比定されている。密筑《みつき》の里《さと》は、『和名抄』では、箕月《みつき》郷と表記されるが、「ミツキ」の名が示す如く、現在の日立市水木町周辺である。

これらの物語から、古代の交通路に、久慈川を渡り高市より密筑《みつき》に至り、助川駅《すけがわのえき》に向うコースがあったことが知られる。

この密筑《みつき》の里には、浄らかな泉が渾々とわき出ていたので、ひとびとは、これを「大井」と呼んでいたという。

この大井は、現在、日立市水木町の泉ケ森の泉に比定されている。そして「湧きて流れて川と成る」といわれる川は、現在の泉川であろう。

この地でも夏の暑さのきびしい頃になると、遠近《おこ》ちの男女達は、酒と肴を持参して、歓楽の会《つど》いをもったというのである。

盛夏の頃に、涼を求めて男女が集るのは、同じく久慈郡でも、山田《やまだ》の里《さと》の石門《いわと》の川にて、「筑波《つくば》の雅曲《みやびうた》を唱《うた》い、久《く》慈《じ》の酒《さけ》を飲《の》む」ことが行われている。恐らく、このように遊楽の会は、古代においては常陸国各地における恒例の行事の一つをなしていたのではないだろうか。

泉の許に集まるということは、既に那珂（賀）郡の曝井《さらしい》での処で述べてきた通りである。

歓楽の機会は、普段いそがしい古代のひとびとにとっては、農閑期の唯一の楽しみであった。この時ばかりは自由に農作の作業から開放され、遊楽地への遠出を楽しんだのである。

かかるに遊楽地に、農閑の時期に若き男女がいそいそと集まるのは、一つには、恋の場であったからである。それ故、そこで好んで、「筑波の雅曲」、つまり筑波の嬥歌《かがい》（歌垣《うたがき》）の歌が唱われたのである。夏は熱き恋の季節でもあった。この「密筑」の里の「ミツキ」は「睦月《むつき》」の意で、ひとびとがわずかの夏の間に睦《むつまじ》く会する里の意ではないだろうか。因みに、旧暦の正月を睦月と一般に称しているが、これも天地が睦く交る時期の意と説かれている。『新編常陸国志』には、「ミツキ」を〝密月《みつき》〟の意に解しているが、これも人と人が親密となり、結ばれる季期と考えられていたからであろう。

このような恋の場所は、泉の湧き出るところが好んで選ばれる傾向があった。たとえば、筑波山の嬥歌《かがい》が「泉流れる」夫女《ふじょ》ケ原《はら》であった。高橋虫麻呂が、「裳羽服津《もはきつ》のその津《つ》の上《うへ》に」と歌った処である。泉《いずみ》は恋心の湧き出るところでもあったからである。

泉は「出水《いずみ》」が原義で、大地から生命の水が溢き出る処であった。

『伊勢物語』のなかでも有名な

筒井《つゝゐ》つ、　井筒《ゐつつ》にかけし　まろがたけ　過《す》ぎにけらしな　妹見《いもみ》ざるまに

（第二十三段）

の歌も、筒井の井が、恋の舞台として、設定されている。

因みに、筒井は、湧き水を保護するために、筒状の框を大地にさし入れたものである。ここは、二人の男女が幼い時から、「井《い》のもとに出てあそび」ける場所であった。

第八十九話　食用を供する木

この密筑《みつき》の里の東と南は、海浜に臨んでいた。いうまでもなく、この海は太平洋である。

この海から「石決明」「棘甲」などが大量にとれたという。〝石決明〟は『倭名抄』巻十九に、鮑《あわび》を「石決明と云う」と見える。「棘甲」は文字通り、棘状の甲を身に負う「ウニ」の事である。『倭名抄』には、「棘甲」を、「宇仁《うに》」と訓んでいる。

このように、『常陸国風土記』の執筆者は、こと更に、難しい漢語をやたらに使用するが、それは、唐朝文化に憧れをいだく文化人の、一つの趣向といってよいであろう。極めて佳麗な文章を綴り、難解な文字を用いているが、もともと彼等が模範として学んだものが、「文選」であったことを思えば、蓋し、当然であったろう。

この密筑の里の東と南は、海に面しているのに対し、西と北は、山野であった。

この山野には、椎《しい》の木、榧《かや》の木、栗《くり》の木などが繁茂していた。

これらの木の実は、椎《しい》の実《み》、榧《かや》の実《み》、栗《くり》の実《み》として、古代のひとびとに、貴重な食料品を供していた木の類であることに注目してほしい。

『萬葉集』にも

「家《いえ》にあれば　笥《け》に盛《も》る飯《いひ》を　草枕《くさまくら》　旅《たび》にしあれば　椎《しひ》の葉《は》に盛《も》る」（有間皇子、巻二―一四二）

と歌われ、椎の葉は神祭の際、食物を盛るものにも用いられていた。

榧《かや》の実《み》は煎って食べたり、しぼって油をとることが出来る大切な植物であった。又、薬用としては、虫下しや、強精の効果があると伝えられていた。更には、榧《かや》の葉は、蚊やりに用いられていたという。

栗は、いうまでもなく貴重な食料品であった。『萬葉集』に

「瓜《うり》はめば　子《こ》ども思《おも》ほゆ　久利《くり》はめば　ましてしのばゆ」（巻五―八〇二）

と山上憶良《やまのうえおくら》が歌うように、美味なる食料品の一つであった。又、貯蔵が出来たから食料が欠乏する時には、珍重されたのである。

『持統紀』には、詔《みことのり》して

「天下《あめがした》をして、桑《くわ》、紵《からむし》、梨《なし》、栗《くり》、蕪菁等《あおならなど》の草木《くさき》を勧《すす》め植《う》えしむ」

とあり、これらは「五穀の助け」とすると云われている。

このように、生活の助けとなるような草木を、『風土記』にあえて記載するのは、和銅六年（七一三）に出された『風土記編述』の方針によるものであった。つまりその詔の一節に

「其《そ》の郡内《ぐんない》に生《しょう》ずる所《ところ》の……草木《そうもく》……具《つぶ》さに色目《しきもく》を碌《しろ》せ（『続紀』和銅六年五月条）

とあるのに従っている。

ただ、どちらかといえば、『出雲国風土記』と比較すれば、『常陸国風土記』は、それに就いての記載はやや少いようである。恐らく一つには『常陸国風土記』が完本ではなく、省略本であったことに、その理由を求めることが出来るのであろう。

第九十話　東国の方言

この密筑の里の艮《うしとら》の方向、廿里ばかりの処に、助川《すけがわ》の駅家《うまや》であった。

この「艮《こん》」というは、いわゆる八卦《はっけ》のひとつである。

八卦は、「易経《えききょう》」に見えるが、乾《けん》☰、兌《だ》☱、離《り》☲、震《しん》☳、巽《そん》☴、坎《かん》☵、艮《こん》☶、坤《こん》☷の八つの卦《か》をいう。方向としては、艮《こん》は、東北の「ウシトラ」に当てられる。御承知のように、中国では十二支を方位にも用い、真北を子《ね》とし、真南を午《うま》に配している。卯《う》は真東、酉《とり》は真西に当たるが、東北は丑寅《うしとら》の方向となる。

丑寅《うしとら》の方向は、鬼門の方向といって、今日でも余り歓迎されないようである。中国では昔、この方向から秋の収穫期を迎える頃になると、匈奴《きょうど》などの騎馬民族が、必ずおそって来て荒し廻った。そのことから、東北の方向を悪魔の来る処と恐れたことに由来するといわれている。

それは兎も角として、この助川《すけがわ》は、昔は「遇鹿《あうが》」と呼ばれていたと記されている。

古老の伝承によると、倭武《やまとたける》の天皇《すめらみこと》が、この地で、橘皇后《たちばなおおきさき》とお逢いになられた所と伝えている。

その遇鹿《あうが》を「助川《すけがわ》」と更に改めたのは、国司《くにのみこともち》の久米《くめ》の大夫《おおまえつぎみ》が、この地の河で鮭《さけ》をとって献じたことに因むと伝えられている。

というのは、この地方では大きな鮭《さけ》を訛って「須介《すけ》」と称して居り、この川をスケ（助）の川と呼んだからである。

『萬葉集』などを見ても、東国のひとびとの歌には、方言や訛りが少なからず見出されて興味深い。

例えば、相模国寒川郡《さがみのくにさむかわぐん》の防人川上臣老《さきもりかわかみのおみおゆ》の歌などに、「母父《あもしし》に　言申《こともう》さずて」（巻二十—四三七六）とか、「母刀自《あもとじ》」（巻二十—四三七七）などと歌われているが、母《はは》を東国では「アモ」と呼んでいたようである。

母を「アモ」と称するのは、『雄略紀』二十三年八月条に、征新羅将軍の吉備臣尾代《きびのおみおしろ》が

「道《みち》に闘《あ》ふや　尾代《おじろ》の子《こ》　母《あも》にこそ」

という歌に見えるから、中央では古く、母を「アモ」と称することもあったようだが、「万葉集」の時代、八世紀の奈良朝期には、東国の防人だけが用いている古語に化している。

「赤駒《あかごま》を　山野《やまの》に放《はが》し　捕《と》りかにて　多摩《たま》の横山《よこやま》　徒歩《かし》けか遣《や》らむ」（巻二十—四四一七、武蔵国豊島郡の上丁、椋橋部荒虫《くらばしべあらむし》が妻《め》、宇遅部黒女《うじべのくろめ》）

などは、まさに典型的な東国の方言の歌といってよいであろう。

或は、遠江国鹿玉郡《とおとおみのくにあらたまぐん》の若倭部身麻呂《わかやまとべみまろ》の防人の歌には、〝影《かげ》〟を「カゴ」と訛っている。（巻二十—四三二二）

『萬葉集』の「東歌《あずまうた》」にも

小筑波《をつくば》の嶺《ね》ろに月立《つくたち》　間夜《あいだよ》は　さはだなりぬを　また寝《ね》てむかも（巻十四—三三九五）

の如き歌も、その一例であろう。

ここでも、「月《つき》」を「ツク」と訛っている。

因みに、この「さはだる」は、通り過ぎる意である。祈年祭《としごいのまつり》の祝詞《のりと》にも「谷蟆《たにくぐ》の狭度極《さわたるきわ》み」と用いているからである。

それは兎も角として、東国の言葉には、かなり、訛りの言葉が用いられていたのである。

第九十一話　多珂《たか》の国造《くにのみやつこ》

さていよいよ、最後の多珂郡にやっとたどりついたが、この郡は常陸国の最北部を占める地域である。
「東《ひがし》と南《みなみ》とは、並《なら》びに大海《おおうみ》、西《にし》と北《きた》は、陸奥《みちのく》と常陸《ひたち》と二《ふた》つの国《くに》の堺《さかい》の高山《たかやま》なり」
と、『風土記』には記されている。

この地域が、多珂《たか》と呼ばれるようになった由来を、古老は、次のように伝えていた。

それは昔、斯我《しが》の高穴穂《たかあなほ》の宮《みや》に大八洲照臨《おおやしましろしめ》し天皇《すめらみこと》の御代《みよ》に、建御狭日命《たけみさひのみこと》が、多珂《たか》の国造《くにのみやつこ》に任ぜられた時の話である。

この「斯我《しが》の高穴穂《たかあなほ》の宮《みや》」の天皇《すめらみこと》は、『古事記』に、「近《ちか》つ淡海《おうみ》の志賀《しが》の高穴穂《たかあなほ》の宮《みや》」で、天下《あまがした》を治《おさ》められた若帯日天皇《わかたらひのすめらみこと》、と記るされているように第十三代の成務《せいむ》天皇である。

御存知のように、近《ちか》つ淡海《おうみ》は、遠《とお》つ淡海《あわうみ》に対する呼称である。古代の都に近い淡海（淡水湖）の琵琶湖が存在する地域が近江《おうみ》の国である。一方、遠《とお》つ淡海《おうみ》は、都から遠い淡水湖の浜名湖を含む遠江《とおとおみ》のことである。浜名湖は現在、新居町附近の陸地が切れて海に水が入り込んでいるが通じているが、昔はこのあたりは完全にふさがれて、淡水湖を形成していた。

因みに、高穴穂《たかあなほ》の宮《みや》の伝承地は、現在の滋賀県大津市坂本などに比定されているが、ここは交通の要衝の地であった。

この成務天皇は、「倭武《やまとたける》の天皇《すめらみこと》」として『常陸国風土記』に登場される倭武命《やまとたけるみこと》の異弟に当られる天皇であった。

倭武命が東国遠征の帰路で亡くなられたので、中継《なかつ》ぎの天皇《すめらみこと》《てんのう》として即位された方とされている。

この成務天皇の御代に、建御狭日命《たけみさひのみこと》が、多珂に国造に任ぜられたとあるが、『国造本紀《こくぞうほんぎ》』にも

「高《たか》の国造《こくぞう》
志賀《しが》の高穴穂《たかあなほ》の朝《みかど》の御世《みよ》、彌都侶岐《みつろき》の命《みこと》の孫《まご》、弥佐比《みさひ》の命《みこと》を、国造《くにのみやっこ》に定《さだ》め賜《たま》う」

と記されている。

「国造本紀」を参照すれば、新治の国造、比奈良布命《ひならふのみこと》は子は、都侶岐命《つろきのみこと》であり、その孫は彌佐比古命《みさひこのみこと》という関係となる。

この建御狭日命《たけみさひのみこと》が、この地に赴任し、初めて多珂の国を巡行し地形《くにがた》を観察すると、「峯険《みねさか》しく、岳《やま》、崇《たか》き」有様であったので、この国を高《たか》（多珂）の国と名付けたと、『風土記』には伝えている。

特に、わたくしが注意したい点は、「高《たか》」の字にあえて、「崇《たか》」をあてていることである。これは単に険しくて高いという意味でなく、「崇高さ」という宗教的な感情をこめて述べていると考えられるからである。

『風土記』には、建御狭日命《たけみさひのみこと》を出雲臣《いずものおみ》の一族であると注しているが、この郡の式内社佐波波《さわわ》地祇神社《くにつかみのじんじゃ》は、出雲の神である大己貴命《おおなもちみこと》（大国主命）を祀っている。

この神社は多珂郡には二社あって、一つは北茨城市大津町西宮にあり、もう一社は、同じく北茨城市華川《はなかわ》町上小津田に祀られているが、この「サワワ」の神の「サワ」は、「障《さわ》る」の意ではないだろうか。『萬葉集』にも「あしびきの山野《やまの》　障《さわ》らず　あまさかる　ひなも治《おさ》むる　ますらをや」（巻十七―三九七三）と歌われているからである。

第九十二話　薦枕《こもまくら》多珂《たか》の国《くに》

この多珂の国は、「薦枕《こもまくら》多珂《たか》の国《くに》」と、ひとびとから呼ばれていた。

薦枕は、「菰枕《こもまくら》」とも書かれるが、これは古代に真菰《まこも》をたばねて作った枕のことである。

たとえば『萬葉集』にも

「薦枕《こもまくら》　あひ枕《ま》きし子《こ》も　あらばこそ　夜《よ》の更《ふ》くらくも　我《わ》が惜《お》しみせめ（巻七―一四一四）

と歌われている。

この薦枕《こもまくら》が一般に高くつくられていることから、「たか」に掛る枕詞とされたのである。

『武烈紀』の載せる歌謡にも

「こもまくら　高橋過《たかはしす》ぎ　物多《ものさは》に　大宅過《おおやけす》ぎ」

と歌われ、『出雲国風土記』では、高日子《たかひこ》の神を、

「薦枕《こもまくら》志都沼値《しずねち》」

と呼んでいるのである。

『常陸国風土記』でも、これたにならって、薦枕《こもまくら》多珂《たか》の国《くに》と呼ばれたのであろう。

建御狭日命《たけみさひのみこと》が国造としての最大の業績は、多珂の国に、「道《みち》の口《くち》」と、「道《みち》の後《しり》」を確定したことであった。

久慈《くぢ》との堺の助河《すけがわ》を「道《みち》の口《くち》」とし、陸奥国岩城《みちのおくのくにいわき》郡の苦麻村《くまむら》を「道《みち》の後《しり》」と定めたというのである。

道の口は、多珂の国の入口の意であるが、古代では、国や郡などを人体に見たてて、都に最も近い部分が「口《くち》」、中央部が「腹《なか》」であり、遠い部分を「尻《しり》」と呼んでいた。

例えば、吉備《きび》の国は、備前《びぜん》、備中《びっちゅう》、備後《びんご》、美作《みまさか》の四つの国に分割されたが、正式には備前は吉備前《きびのくち》（口）の国《くに》といい、備中は吉備の中《なか》（腹）の国《くに》、備後は吉備の後《しり》（尻）の国と称していた。

因みに、筑紫《つくし》のように二国にわかれる時、筑紫の前《くち》の国（筑前）と、筑紫の後《しり》の国（筑後）となる。

ところで、助河《すけがわ》は、久慈郡のところで触れたが、日立市助川町である。この地には先述のように助川駅が置かれ交通の要衝地をなしていた。これを越えて多珂郡に入ったところには、道前《みちのくち》の里《さと》が置かれていたのである。

『和名抄』では、道口郷《みちのくちごう》と表記されるが、現在の日立市小木津《おぎつ》町などの地域であるといわれている。

他方、道《みち》の後《しり》と称された陸奥国石城郡苦麻村《むつのくにいわきぐんくまむら》は、その名が示すように、福島県双葉郡大熊《ふたばぐんおおくま》町熊《くま》であろう。

『風土記』にあるように、孝徳天皇《こうとくてんのう》の御世の白雉《はくち》《しらきぎす》四年（六五三）に大化改新の政策にもとづき、多珂の国造石城直《いわきのあたい》美夜部《みやべ》と、石城《いわき》の評造部《こほりのみやつこべ》の志許赤《しこあか》らが、惣領《そうりょう》の高向《たかむこの》の大夫《おおまえつぎみ》に申請して、多珂《たか》と石城《いわき》の二つの郡に分割したのである。

その分割の理由は「遠《とお》く隔《へだ》たりて往来便《いききたよ》りよからざる」ということであった。

とすれば、かつての多珂の国はかなり広大なもので、福島県双葉郡大熊町あたりまで含んでいたことになる。

第九十三話　祥福《さち》争《あらそ》い

『続日本紀』養老二年（七一八）五月条には、「陸奥国《むつの》の石城《いわき》、標葉《ひめは》、行方《なめかた》、宇太《うだ》、曰理《わたり》の郡と、常陸国菊多《きくた》郡の六郡」を併合して、石城国《いわきのくに》を建てたとあるので、かつて、常陸国には菊多郡《きくたぐん》と呼ばれる行政区割が含まれていたことになる。

この郡は、東は太平洋と磐城郡《いわきぐん》に接し、西は白河郡《しらかわぐん》、南は常陸国多珂郡に接していた。この菊多郡が石城国に含まれると、勿来《なこそ》の関《せき》を以って国境としたのである。

この菊多郡《きくたぐん》は、現在の福島県の浜通りの南端部といった方が、お判り易いかもしれない。

『国造本紀』によれば、成務天皇の時代、建許呂命《たけころのみこと》の子、建彌依米命《たけみよりめのみこと》が石背《いわせ》の国造に任ぜられ、石城《いわき》の国造も同じく、成務天皇の時代に建許呂命《たけころのみこと》が国造となったと伝えられている。

因みに石背《いわせ》は、「磐瀬《いわせ》」とも書かれるが、現在の福島県の中通りの南部を占める須賀川市を中心とする地域である。

これらの地域も、かつては常陸の大豪族、茨城の国造、建許呂命《たけころのみこと》の勢力範囲に含まれていたことを、『国造本紀』は物語っているのである。ということは、常陸国の領域は大化以前にあっては、かなり大きなものであったとわたくしは想像しているのである。

道前《みちのくち》の里《さと》には、飽田村《あきたむら》があったと、『風土記』には伝えている。ここは、現在の日立市小木津町の相田周辺であろうと考えられている。

この飽田の村名の由来は、また例によって、古老は、次のように語っている。

昔、倭武《やまとたける》の天皇《すめらみこと》がこの地の野に宿をとられた。

その時、村人が天皇に、「この野には、多くの鹿が群れている。その鹿の角は、あたかも枯れ芦の如く並び立ち、鹿の吐く息は朝霧《あさぎれ》が丘にたなびいているように見える。それ程、沢山の鹿がこの野には群生している」と、自慢げに天皇に申し上げたというのである。

それに加えて、海には、八尺ばかりの大きな鮑《あわび》がとれると、村人たちは天皇に申し上げた。

それをお聞きになられて、お喜びになられた倭武の天皇は、早速、橘《たちばな》の皇后《おおきさき》に海で漁《すなごり》をお命じになり、自らは山野に鹿の狩りをされることになったのである。

だが、勢いこんで野にむかわれた天皇は、どうしたことか鹿一頭も獲ることが出来なかった。それに較べて、浜に出られた皇后は、ほんの少しの間に、百味の海の幸を沢山得ることに成功したというのである。

この話は実は、いわゆる「祥福争い《さちあらそい》」の宗教的行事であろうと、考えられている。

「祥福争い」とは、たとえば次のようなものである。農耕を主とする部落と、漁労を主とする部落がお互いに力競べをして、その力競べで勝利を得た方の部落が、神の恵み、つまり「幸《さち》」を、一年間満喫することが出来るという争いである。このように、神意を占う争いを〝祥福争い〟と呼ぶのである。

因みに、「幸」は、本来は収穫物の多いさまをいう言葉であったが、次第に「幸運」の言葉のようにハッピーを意味するようになる。つまり、もともとは山幸、海幸は本来はそれぞれの獲物の多さという意味であるが、古代ではそれが多ければ多い程、ひとびとを豊かにしたから、現在のように「幸」は幸福の意となったのである。

第九十四話　飽田《あきた》

祥福争《さちあらそ》いの物語は、『古事記』には山佐知毘古《やまさちびこ》（山幸）と、海佐知毘古《うみさちびこ》（海幸）の神話として語られていることは御存知のことと思う。

『古事記』によれば、山佐知毘古《やまさちびこ》は、火遠理命《ほおりみこと》であり、海佐知毘古《うみさちひこ》は、その兄君の火照命《ほでりのみこと》である。火遠命《ほおりのみこと》が火照命《ほでりのみこと》に無理にたのんで借りた大切な釣り針《つばり》を、なれぬ海釣りで、失ってしまう話である。そのため、釣り針の代わりに、急いで自分の佩《ほ》ける十握剣《とつかのつるぎ》を用いて、千の針に作って返済したが、火照命《ほでりのみこと》は、借し与えた本当の釣針を返せと、火遠命《ほおりのみこと》に頑として要求するのである。

火遠命《ほおりのみこと》はしかたなしに、塩椎《しおづち》の神の援けて、海の底の綿津見宮《わだつみのみや》に赴き、そこの豊玉毘売《とよたまびめ》の力をかりて、火照命《ほでりのみこと》の釣り針をさがし出し、返却することが出来たのである。

その時、火遠命は塩盈珠《しおつみたま》と塩乾珠《しおひるたま》を海神から授けられ、この二つの呪法の玉で、火照命をこらしめて、降伏させることに成功したというのである。

『古事記』では、負れた火照命《ほでりのみこと》の子孫が隼人《はやと》となって、天皇家の祖神となられる火遠命《ほおりのみこと》に、永続的に奉仕したという由来を説明しているが、この話の原型は民俗学者が既に説かれるような、山幸、海幸の幸《さち》争いが原型であった。

つまり、山幸に代表される山野で狩猟する民と、海幸とされる海で漁労をする民が、いづれが「幸」を得るかを宗教的な賭をすることであった。

今日でも、よく二つの村落が、綱引きをして争う宗教行事も存在するが、これも一種の祥福（幸）争いであったと見てよい。

『常陸国風土記』の多珂郡の飽田村の、倭武《やまとたける》の天皇《すめらみこと》と橘皇后《たちばなのおおきさき》の「祥福《さち》争《あらそ》い」の物語は、現在の日立市小木津町のあたりで、かつては山の幸と海の幸を争う宗教的行事が行われていたことを、示唆していると見てよいであろう。

小木津町の海岸には、今も「飽田尻《あきたじり》」と呼ばれる地名も残っているが、海幸の組が勝利を収め、大漁の魚を、それこそ飽きるまで食い尽くし、感喜の声をあげたのではないだろうか。

ところで、この「飽田《あきた》」の名は古代のひとびとにとっては豊作を意味したから、一種の憧れの地名であったようで日本の各地に好んで残されている。

例えば、現在の九州の熊本市の中心部は、かつての肥後国飽田《あきた》郡である。農業県を誇る熊本にはふさわしい名称であるといってよいであろう。

東北地方の秋田県の「秋田」は、『斎明紀』には齶田《あきた》と表記されるが、これは飽田とも書かれていたのである。

ここは、雄物《おもの》川と呼ばれた秋田川を中心に、古代でも早く開かれた地域であった。秋田市高清水《たかしみず》の岡に、出羽の守りの中心となった秋田城が築かれていた。ここでは、「飽田」は狩猟中心の蝦夷への誇示であったのである。

同じように、常陸の飽田も、交通の要衝である道前の里に存在していたが、矢張りまつろわぬ人の顕示でもあったとも考えられるのである。

第九十五話　仏《ほとけ》の浜

この飽田村の太平洋に面する石壁に、国司の川原宿祢黒麻呂《かわはらのすくねくろまろ》の時代に、観世音菩薩の像が刻まれたという。

それによって、この浜を「仏《ほとけ》の浜《はま》」と名付けたという。

この観世音の岩の像は、現在も残る日立市小木津町大田尻の海岸の、観泉寺の石仏であるといわれている。

ところで、川原宿祢黒麻呂《かわはらのすくねくろまろ》の名は『日本書紀』などにも見当たらないが、天武十三年（六八五）十月の条には、川原連《かわはらのむらじ》加尼《かね》という人物が、耽羅《たむら》（済州島）に派遣されて居る。また『新撰姓氏録』（河内諸蕃）によれば

「河原連《かわはらのむらじ》

広階連《ひろはしのむらじ》と同《おな》じき祖《おや》なり。陳《ちん》の思王植《しおうち》の後《すえ》なり」

と記し、川（河）原連を、渡来系の氏族に属していると記している。

この河原連の本拠は、河内国丹比郡《たぢひぐん》丹比村《たぢひむら》字《あざ》河原城《かわらじょう》、現在の大阪府羽曳野市河原城と考えられている。

衆知の如く、羽曳野市から、その北に隣接する藤井寺市一帯にかけては、仏教が盛んな地域であった。

羽曳野市や藤井寺市の周辺には、蘇我稲目《そがのいなめ》が創建したという、向原寺《むかいはらでら》（西淋寺《さいりんじ》）や、土師氏《はじし》の道明寺《どうみうじ》（旧土師寺《はじでら》）などがあり、藤井寺市には、その名の由来となった藤井寺などが建てられていた。その多くは、渡来人が関わっていた。

このような環境に幼い時から育った川原宿祢黒麻呂は、常陸に国司として赴いた際に、仏教の東国布教に深く関心を

寄せていたのであろう。その願いの現れとして、観音像をこの海浜の岩に刻んだと、わたくしは想像しているのである。

岩面に仏を刻むことは、古い信仰に基づくもので、恐らく、古代のひとびとは、岩を永遠の象徴と考えていたからである。

『古事記』には、ニニギノミコト（邇々芸能命《ににぎのみこと》）に、大山津見神《おおやまづみのかみ》が二人の娘を妻にと差出した時、姉の石長比売《いわながひめ》について、

「恒《つね》に石《いわ》の如《ごと》くに、常《ときわ》に堅《かた》はに動《うご》かず坐《ま》す」

として、ニニギノミコトの永遠の生命を保証したという。

岩が、永遠と見なされていたから、日本の神々の宿られるものの一つとして、大きな岩がえらばれたのである。それが、いわゆる、岩倉《いわくら》である。

このような伝統的な心情にもとづいて、仏教が日本に広まると、大きな岩や岩面にも仏を刻み、信仰の対象としたのではないだろうか。

因みに、飛鳥時代の仏像は、よく楠を用いるが、これも楠が、「奇《くす》しき木《き》」として、聖木だったからである。

都の奈良の地方では、石仏は少なからず製作され、奈良市高畑町の頭塔《ずとう》石仏群も、その代表的な例である。

頭塔石仏群と呼ばれる石仏は、如来坐像を中心に三尊形式をとり、そのまわりに小菩薩が囲む石刻の像である。

その他、石仏には、生駒郡富雄《とみのお》の滝寺磨崖仏や、宇智《うち》郡宇智の宇智川観音磨崖仏などをあげることが出来るだろう。

特に、磯城《しき》郡《ぐん》の石位寺《いしいでら》の三尊石仏は極めて優れた石仏であるが、それは奈良朝の始めに造られているといわれている。このような石仏流行の風潮にしたがって、東国の常陸にも、石仏が刻まれたのではないだろうか。

第九十六話　藻島《もしま》

多珂郡の郡家から、南へ三十里ばかりいった所に、藻島《もしま》の駅家《うまや》が置かれていた。藻島の駅家は、現在の茨城県日立市十王町《じゅうおうまち》伊師《いし》のあたりに、比定されているようである。十王町で興味を引くのは、この地に「友部《ともべ》」とか、「山部《やまべ》」という古代の部民制を想起させる地名が、現在まで遺されていることである。友部は、「伴部《ともべ》」の意で、かつての「大伴部」に当る。

常陸国には、久慈郡《くじぐん》小田里《おだのさと》の大伴村《おおともむら》（『常陸国風土記』）があり、真壁郡と、この多珂郡に「伴部郷《ともべごう》」が置かれていた。

この多珂郡の「伴部郷」が、十王町友部である。因みに、真壁郡の伴部郷は、現在の西茨城郡岩瀬町《いわせ》の友部である。この岩瀬町にも、十王町と同じように、古代の部民を想わせる地名が、磯部《いそべ》、加茂部《かもべ》として伝えられている。

山部《やまべ》は、海部《あまべ》と共に、古くから大和朝廷につかえる部民の一種だが、山部は、朝廷に〝山の幸〟を貢する民であったが、狩猟にたけていたので、戦時には、強弓で戦う歩兵集団となる。

海部も、平時は、漁労の民であったが、戦いに臨んでは有力な水軍となって活躍したのである。

このように見てくると、多珂郡に配された部民は、かつては蝦夷の備えの役割を大きく果していたのではないだろうか。

ところで、またこの藻島の駅家の東南に当る海岸は、碁石《ごいし》の有名な産地であった。

ここの碁石の色は、珠玉《たま》の様に美しく、常陸の国の中で、麗《うる》しい碁石《ごいし》は、唯、この浜で産するといわれていた。この浜は、現在の十王町伊師《いし》の小貝浜であるが、今でも美しい石が存在しているようである。

囲碁《いご》は、早くから中国から伝えられ、僧弁正《べんしょう》が八世紀の初めの大宝年間に、唐の玄宗皇帝に召されて囲碁したと伝えられたり（『本朝高僧伝』）吉備眞備《きびのまきび》が唐の官人と囲碁を争ったと語られているのである。（『吉備大臣入唐絵』）御存知のように、正倉院御物に佳麗な囲碁が蔵されているから、奈良時代の頃には、碁石の需要は高まっていたのであろう。

碁石といえば、わたしたちはすぐに那智黒《なちくろ》と呼ばれる和歌山県の那智の海浜からとれる光沢のある黒石を想起するが、那智黒は硬質の粘板岩といわれている。

昔倭武の天皇が舟に乗られて、この地に遊ばれた時、藻島の海岸を御覧になられると、そこには、数々の海藻が海岸近くに沢山ただよっていた。

そこで、倭武の天皇は、この地を藻島と名付けられたというのである。

実は、古代においては、地名をつける行為は、その地の支配権を確立する一種の宗教的儀礼であったのである。唯名論的な考え方に似ているが、古代では「名」はその実体そのものであったと観念されていた。実名を避け、呼び名を通用させたり、プロポーズに対して名を明すことを容易に許さなかったのも、「名」が相手に知られれば我が身を相手にまかせ、ゆだねることになるからである。また、逆に名を与えるという行為は、相手に支配権を委ねることになる。つまり、地名をつけるとは、その地を支配することを意味していたのである。

第九十七話　伊福《いぶき》の神《かみ》

これで、一応、『常陸国風土記』の解説は終るが、この外に『風土記』の逸文と称するものが、二、三伝えられているから、それに就いても、少し触れておこうと思う。

その一つは、『塵袋《ちりぶくろ》』という本に引用されている「伊福部《いぶきべ》の神《かみ》」にまつわる話である。

昔、兄と妹がいて、同じ日に田作りを始めたという。

その時、「田植えが遅れた者には、必ず伊福部《いぶきべ》の神の禍《わざわ》いをうけるであろう」と盟約《うけひ》を兄妹が交わしたが、妹の田植は兄よりも遅れてしまった。すると、伊福部の神が雷《いかづち》となって、妹を殺してしまったというのである。

兄は盟約したにかかわらず、愛する妹の死を非常に悲しんだ。兄は伊福部の神を大変恨み、どうしても妹の仇を討ちたいと決心した。しかし、兄は、伊福部の神がどこに住いするかを知らなかったので、困惑していると、急に一羽の雉《きじ》が、兄の肩の上に飛来したという。

兄は雉ならば伊福部の神がどこにあるか判るだろうと考えて、雉の尾に績麻《へそを》をかけてはなしたのである。すると、雉は、直ぐに伊福部《いふくべ》の岳《おか》に飛んでいった。兄はその績麻《へそを》をたどって、この山に登って見ると、伊福部の神は、石屋に潜んでいた。兄はすぐさま大刀を抜いて、雷神を切り殺そうとすると、雷の神はすっかり怖れて、兄に命乞をするのである。雷神は助けられる条件として、百年の後までも、兄の子孫一族に、決して雷の禍いをかけないと誓った。

このことにより、兄は雷神の居場所を教えてくれた雉に心より感謝し、雉を殺して食ってはならぬことを、子々孫々に至まで誓わさせ、守らさしたというのである。

これが「績麻《をみ》を取《と》りて、其の雉《きじ》の尾《を》に繋《か》く」と言葉の由来であると伝べている物語である。

この話の発端は、田植えの早さをかけた誓約《うけい》である。

「ウケヒ」（誓約）は神にかけて甲か乙かを占うことである。『神代紀』に見える、姉神の天照大神と弟神の須佐《すさ》の男《を》の神《かみ》が天《あま》の安河《やすかわ》をはさんで誓《うけ》いをされた話は、その典型的な例である。

伊福部《いふきべ》は、一般には、笛吹《ふえふ》き部民を意味するが、伊福《いふき》は、本来神霊の吹き起こす風を司る民であった。

近江国と美濃国の境の胆吹山《いぶきやま》の神が、倭建命《やまとたけるのみこと》を氷雨を吹きつけて、心身朦朧にさせた話を御存知であろう。

『景行紀』には、「山の神、大蛇に化して」とあるように、この神は零氷《ひさめ》を興《お》し、霧で山を被ひかくす水神であった。

雷神は雷鳴と共に大雨を降らす神であったから、雷神は、また司水の神であった。それ故、先の『風土記』の逸文に伊福神の山の神として登場したのはそのためである。また、この話には雉《きじ》が重要な役割りを果しているが『古事記』でも、雉《きじ》が天神の命令で、相手を探しながら飛んでいく鳥として描かれている。

雉の尾につけたという「績麻《をみ》」は、麻衣を織るための麻を細かく裂いて糸《いと》にしたものである。

『萬葉集』にも、

「うちそやし　麻績《をみ》の児《こ》ら　あり衣《ぎぬ》の　宝《たから》の子《こ》らが」（巻十六―三七九一）

などと歌われている。この績麻《をみ》は、神衣祭《かんみそのまつり》の祝詞《のりと》に「服織績麻《はとりをみ》の人等《ひとら》の常《つね》も仕《つく》へる　和妙《にきたへ》、荒妙《あらたへ》の織《はた》の御衣《みころも》」とある如く、神に捧げられる衣服の糸であったから、神聖視されたのであろう。それにしても、雷神があえなく人間に降参する話は、蒙昧の世界からの脱却を伝えているのだろう。

第九十八話　大榛《おおはり》の木《き》

同じく『塵袋《ちりぶくろ》』には、『常陸国風土記』の逸文として、大谷村《おおたにむら》の「榛《はり》」の話を伝えている。

大谷村はどこであるか必ずしも明らかでないが、茨城県鹿島郡の旭村を流れる大谷川の周辺か、或は、東茨城郡美野里町の大谷であろうといわれている。

その大谷の村に、昔、大きな榛《はり》の木があった。

その榛《はり》の木を切りたおして、木の中心部から鼓《つつみ》を造り、末の部分からは瑟《ひさづ》を造ったといい伝えている。

このような大木を切り倒して、それを利用して宗教的なものを作る話は、『古事記』などにも記されている。

『仁徳記』には、兎寸河《ときがわ》の西の方の高樹《たかき》の伝承が記されている。

兎寸河《ときがわ》は、大阪府高石市富木《とめき》の東に流れる川である。

其の樹の影に、朝は淡路島に達し、夕辺には大阪と奈良の境にある高安の山を越える程であった。

この大木を用いて船を作ったが、やがて壊れるとこの船材で塩を焼き、残れる木を用いて琴《こと》を造った。この琴の音は、不思議なことに、七里《ななさと》に響き渡ったという。

大木で船を作る話は、『応神紀』五年条や、『鎌倉実記』が引く「准后親房記《じゅんごうちかふさき》」にも見えるが、『仁徳記』では特に船の廃材で「琴《こと》」を作ったと伝えていることが、注目されるのである。

先の『常陸国風土記』では「瑟《しつ》」を造るというが、「瑟《ひさづ》《しつ》」は大きな琴を指す。瑟は伝説では中国の伏儀《ふつぎ》が創作したといわれているが、十五絃、十九絃、二十五絃、二十七絃の種類があるという。

琵琴《ひつきん》という言葉があるように、瑟と琴は大琴と小琴であるから、『常陸国風土記』逸文の物語は、『仁徳記』と琴の類を作る点では相通するといってよいであろう。

ところで、「ハリの木」は次第に、「ハンの木」に訛り、今日の「ハンノ木」と呼ぶ木に当るのである。

榛《はり》の木は『雄略記』に、雄略天皇が葛城山で狩をされた時、手負の猪に追われ、榛の木にのぼられた話にも登場する。その時、天皇は
「猪《しし》の　病猪《やにじし》の　唸《うた》き畏《かしこ》み　我《わ》が逃《に》げ登《のぼ》りし　在原《ありはら》の　榛《はり》の木《き》の枝《えだ》」

と歌われている。

「琴歌譜《きんかふ》」にも
「道《みち》の辺《べ》の　榛《はり》と櫟《くぬぎ》と　しなめくも　言《い》ふなるかもよ　榛《はり》と櫟《くぬぎ》と」

と見えるが、榛は聖木の一種と考えられていたのではないだろうか。

榛の木は、高さ二十メートルに及ぶ大木であり、古代では、そのため古代では、榛の如く高くのびる木は、神聖視されたようである。雄略天皇がこの木に助けを求められたり、或は、この榛の木を用いて琴の類を作るのは、神聖な木と意識されていたからであろう。

因みに琴は、神言《かみごと》をうかがうための聖なる楽器と見做されていたからである。

第九十九話　『常陸国風土記』の進撰

一応『常陸国風土記』の解説は終わったので、その『常陸国風土記』がいつ頃、まとめられたかを考えていこう。

和銅六年（七一三）五月に、『風土記』進撰が命ぜられているが、勿論、直ぐには、地方の国司から『風土記』が差出された訳ではない。

地方の国司は、古老の話を採集したり、いろいろな資料を取りそろえなければならなかったからである。

そのため、各国の準備や熱心の度合いに応じて、進撰の時期の差は、生じたのである。

所謂、『五風土記（常陸《ひたち》国風土記、播磨《はりま》国風土記、出雲《いづも》国風土記、豊後《ぶんご》国風土記、肥前《ひぜん》国風土記）』のうち、最も早くまとめられたのは『播磨国風土記』であるといわれている。

『播磨国風土記』は、国―郡―里制にもとづいて記載されているからである。

『出雲国風土記』の総記の部分に、

「霊亀《れいき》元年（七一五）の式《しき》によりて、里《り》を改《あら》ためて郷《ごう》と為《な》せり」

とあり、霊亀元年の「式《しき》」により、国―郡―郷―里制に改められている。

因みに、この「式」は、「律令格式《りつりょうきゃくしき》」の「式」で、法令の細目《さいもく》を定めたものである。

奈良時代に元正女帝が即位されると、和銅の年号を改めて、霊亀《れいき》の年号を立てられた。

この新政の一貫として、五十戸一里制を改めて、五十戸郷制としたのである。そしてその「郷」下に里《こざと》を三里～二里置くことにしたのである。

これにより、日本国の隅々《すみずみ》まで、行政の網がはられることに、中央の命令が細かいところまでとどくようになったのである。

これらの施策をうち出したのは右大臣藤原不比等《ふひと》らの新進官僚であった。

例えば、「寅さん」の映画の舞台となった東京葛飾《かつしか》の柴又《しばまた》の地は、日本で二番目に古い戸籍が残されている土地として有名であるが、その養老五年（七二一）度の戸籍には、下総国葛飾郡大島郷島俣里《しもうさのくにかつしかぐんおおしまごうしままたのり》として登場している。

これによっても、養老五年では国、郡、郷、里制が施行されていたことが知られるのである。

もう、お気付きのことと思うが、「島俣《しままた》」から「柴又《しばまた》」に地名は変化したものである。又、この戸籍には「島俣」とならんで「甲和里《こうわり》」が見えるが、「甲和」は現在の「小岩《こいわ》」である。

この他、大島郷に仲村里《なかむら》が存在しているから、大島郷の下に三里が置かれていた訳である。

それは兎も角として、『播磨国風土記』は、すべて国、郡、里制で統一されているから、霊亀元年（七一五）以前に、一応まとめられたと考えてよいであろう。

それに対して『常陸国風土記』は、「里」と記すことが多いが、それを「郷」と改めて書かれる箇所も存在している。行方郡の「香澄《かすみ》の里《さと》」を「霞《かすみ》の郷《ごう》」と記し、「板来《いたく》の里《さと》」を「伊多久《いたく》の郷《さと》」などと表記している例がそれぞれあるが、又、久慈の郡の条では、はっきりと「太田郷《おおたごう》」と記されているのである。

第百話　『常陸国風土記』と宇合《うまかい》

『常陸国風土記』は、ほとんどが「里」制として書かれていることは、霊亀元年（七一五）以前に、ほとんどの草稿は成立していたことを窺わせる。

だが、太田郷の如き記載が混れ込んでいるのは、その草稿に、霊亀元年以後、多少の加筆が行われた可能性が存在していることを物語っている。

また、養老二年（七一八）に新置された石城の国を依然として陸奥国石城郡と記しているから、『常陸国風土記』は、その養老二年以前に進撰されたと推測してもよいであろう。

このように、霊亀元年（七一五）より養老二年以前が、一応、『常陸国風土記』がまとめられ、中央に進撰されていた期間を考えられるから、その間に常陸国に赴任した国司らが風土記進撰の責任者に擬せられるのである。

『続日本紀』を繙くと、和銅元年（七〇八）三日に、安倍狛朝臣秋麻呂《あべこまあそみあきまろ》が常陸守として任命されている。ついで、和銅七年（七一四）十日に、従四位下石川朝臣難波麻呂《いしかわのあそみなにわまろ》が常陸守となっている。

養老三年（七一九）七月には、常陸守正五位上藤原宇合《うまかい》に安房、上総、下総の三国を管せしめたとあるから、藤原宇合は、養老三年七日以前に常陸国の国司に任ぜられたことになる。（『続日本紀』）

これらの『続日本紀』の記事から考えると、常陸国の『風土記』の編纂乃至進撰に関った国司は、石川朝臣難波麻呂と藤原宇合の二人が有力な候補者として浮かび上がってくるのである。

とりわけ、『常陸国風土記』の筆者は、かなりの漢学の素養を有する人物と考えられるので、その条件を満す人物は第一に藤原宇合を挙げなければならないだろう。

『常陸国風土記』は、四六駢儷の華麗なる漢文で彩られているし、また藤原氏縁りのある記載に力がくわえられているので宇合説は可成り有力なものとなるのである。

注意されるべきは宇合は、『風土記』進撰を命じた藤原不比等の息子であり、遣唐副使として唐に赴いた人物であるという点である。

その上、宇合は、『常陸国風土記』の進撰者だけでなく、九州の『豊後国風土記』『豊前国風土記』の進撰者にも擬せられている。

九州の二つの『風土記』は、完全に郷里制によって記載されており、又、そこには城や烽《とぶひ》の軍事上の項目が丹念に記されているから、天平四年(七三二)八月に西海道節度使《さいかいどうせつとし》に任命された宇合の手によってまとめられたと考えられている。(『続日本紀』)

因みに、高橋虫麻呂の次の歌は、節度使として西海道(今の九州)に赴く宇合を激励した時のものである。

千萬《ちよろづ》の　軍《いくさ》なりとも　取《と》りて来《き》ぬべき　男《をとこ》とぞ思《おも》ふ(『万葉集』巻六—九七二)

第百一話　四六駢儷体《しろくべんれいたい》

『常陸国風土記』の原文のテキストを繙くと、「常陸国者、堺是広大、地亦緬邈、土壌沃墳、原野肥衍」の如く、整然と四字づつの漢字の句が鏤ばめられている。

そしてそれに続いて

「立即可レ取二富豊一、自然応逸貧二窮一」

と六字づつの文章が、繰りかえされている。

このように四字六字の文章がつらなるスタイルを、四六駢儷体《しろくべんれいたい》と呼ばれている。駢儷の「駢《べん》」は、二頭立の車馬である。四六駢儷《しろくべんれい》は、「駢四儷六《べんしれいろく》」と同じ意で、四字と六字が対句をなした華麗な文章を指している。

先の『風土記』の記述は、

「常陸《ひたち》の国《くに》は、堺《さかい》は是《こ》れ広大《こうだい》にして、地《ち》もまた緬邈《めんぼう》なり。土壌《どじょう》も沃墳《よくふん》にして、原野《げんや》も肥衍《ひえん》なり」

と読まれるが、用いられた漢語は必ずしも平易なものではなく、一つ一つに「古典」に典拠をもつ、難しい漢字で纏められている。因みに、「沃墳《よくふん》」は「沃壌《よくじょう》」と同じで、肥えて作物がよく出来る土地の意である。肥沃は、よく肥えていることである。それ故、わたくし達、日本人は、早くから漢文を日本訓みにするならわしを、身につけていった。

「常陸国《ひたちくに》は、堺《さかい》は是《これ》広《ひろ》大く、地《とち》もまた緬邈《はるか》にして、土壌《たはた》も沃墳《うるおい》、原野《はらの》も肥衍《つちこ》えたり」

と読んでいるのである。しかし、本来は、「緬邈《めんぼう》」の如く、漢音で読まれていたに違いない。

このように、四六騈儷体を駆使して文章を綴るのは、当時の日本の文人達が『文選《もんぜん》』を、文章のモデルとしたからである。

『文選』は、中国の南北朝時代、梁の照明太子《しょうめいたいし》が撰したもので、文章や詩賦を収めている書である。平安時代に入って唐詩がもてはやされるまで、『文選』は唯一最高の模範の書であったといってよい。

その詩文のスタイルは主として、四六騈儷体であったから、これを学んだ日本の文人達も、好んで四六騈儷体に倣って、漢詩文を綴ったのである。

日本で最初の漢詩集である『懐風藻《かいふうそう》』を御覧になっても、その序文の一説は、「襲山降蹕之世《そざんこうひつのよ》、橿原建邦之時《かしはらけんぽうのとき》、天地草創、人文未作」と書かれている。

因みに「襲山《そざん》」は瓊々杵尊《ににぎのみこと》が降臨されたという「日向《ひむか》の襲《そ》の高千穂《たかちほ》の峯《みね》」『神代紀』を指す。「降蹕《こうひつ》」は天子が降《くだ》られることである。

橿原建邦の時というのは、いうまでもなく、初代天皇とされる神武《じんむ》天皇が、橿原宮で即位され、日本の国を始められた時を指すのである。天地がはじめてつくられて、未だ人文がならざる時が、『懐風藻』にいう「天地草創、人文未」作」であろう。『常陸国風土記』の筆者と見做される藤原宇合《ふじわらうまかい》は、養老元年（七一七）に遣唐副使として入唐し、翌年帰国しているが、奈良時代に於ても、最も優れた文人のひとりにあげられる人物であった。

宇合は『懐風藻』にも、六首の漢詩が収められているが、収録の詩の数は最も多い人物である。彼のその文章も四六騈儷体を踏襲していることはいうまでもない。

《著者略歴》

井上　辰雄（いのうえ　たつお）

1928年生まれ。
東京大学国史学科卒業。東京大学大学院（旧制）満期終了。
熊本大学教授、筑波大学歴史・人類学系教授を経て、
城西国際大学教授、筑波大学名誉教授。文学博士

〈主な編著書〉

『正税帳の研究』（塙書房・1967）
『火の国』（学生社・1970）
『隼人と大和政権』（学生社・1974）
『古代王権と語部』（学生社・1979）
『古代王権と宗教的部民』（柏書房・1980）
『古代中世の政治と地域社会』（雄山閣・1986）
『常陸国風土記にみる古代』（学生社・1989）
『古代東国と常陸国風土記』（雄山閣・1999）
『古事記のことば』（遊子館・2007）
『古事記の想像力』（遊子館・2008）
『茶道をめぐる歴史散歩』（遊子館・2009）
『和歌の文学と歴史辞典』（遊子館・2010））ほか多数。

2010年3月31日　初版発行　《検印省略》

「常陸国風土記《ひたちのくにふどき》」の世界《せかい》 —古代史を読み解く101話—

著者　井上　辰雄
発行者　宮田　哲男
発行所　株式会社 雄 山 閣
〒102-0071
東京都千代田区富士見2-6-9
TEL 03-3262-3231㈹　FAX 03-3262-6938
振替 00130-5-1685　http://www.yuzankaku.co.jp
印刷　株式会社あかね印刷工芸社
製本　協栄製本株式会社

Printed in Japan ISBN 978-4-639-02125-4 C1021